IL METODO

INTRODUZIONE

Il problema di creare un approccio metodologico nello studio del pianoforte è di fondamentale importanza e deve avere due obiettivi principali:

1) Un avvicinamento allo strumento di natura pratica, esperienziale e motivazionale.
2) Un percorso totalmente personalizzato sulle inclinazioni, attitudini e tempistiche di apprendimento dell'allievo.

In altre parole è vero che il concetto di metodo implica in sé una serie di "buone pratiche" più o meno replicabili ed applicabili ad ogni allievo; ma allo stesso tempo se ci basiamo sul significato etimologico di questa parola e cioè: **mètodo** s. m. [dal lat. *methŏdus* f., gr. μέθοδος f., «ricerca, indagine, investigazione» capiamo l'importanza di sperimentare strade anche molto diverse tra loro, ma che conducano allo stesso risultato.

La prima fondamentale distinzione va fatta tra l'educazione **musicale** e l'educazione **artistica**[1]: la prima volta a creare un bagaglio generico, ma non superficiale, della materia musica, e quindi sviluppo di capacità critica nell'ascolto, conoscenza storica dell'evoluzione del linguaggio musicale, capacità di analisi di generi e forme ecc.

[1] John A. Sloboda "La mente musicale" Ed. Il Mulino 2002

La seconda più concretamente indirizzata alla pratica strumentale ed all'acquisizione di *"skills"* tecnico/interpretative volte alla capacità di creare performance.

Con questo spirito, e con questa visione, potremo realizzare una educazione musicale dell'allievo reale, concreta, non approssimativa né standardizzante.

Per troppo tempo la formazione scolastica in ambito musicale è andata nella direzione del creare "musicisti prototipo": stesso metodo, stessi programmi, stesse esecuzioni, stesso approccio, ma verrebbe da dire anche stesse lacune, stesse problematiche, stessa mancanza di personalità musicale.

E allora facciamo nostro il significato peculiare dell'educazione e cioè *"educere"*, tirar fuori, estrarre, plasmare una personalità musicale autentica sin dall'inizio del percorso, ovviamente con l'intento anche di arrivare ad obiettivi quali il virtuosismo, l'ottima capacità nella lettura, la conoscenza dell'armonia e dell'orchestrazione ecc. ma senza la pretesa di voler prima accumulare tutto questo bagaglio di conoscenze e poi finalmente cominciare a fare musica!

Esistono numerosi metodi per pianoforte, alcuni incentrati sulla propedeuticità degli esercizi, altri uniscono gli aspetti teorici a quelli pratici, altri ancora prevedono una suddivisione in volumi con un aumento progressivo del livello di difficoltà tecnico; una notevole letteratura teorico-strumentale a disposizione dell'insegnante per indirizzare l'allievo verso un percorso più o meno collaudato.

La novità del metodo proposto in questo lavoro sta nella prospettiva da cui si vuol partire nell'approccio allo studio: quella dell'allievo. Ovvero la sua visione, le sue problematiche ed esigenze, il suo aspetto psicologico e, non ultimo, l'aspetto organizzativo del suo modo di studiare. Inoltre l'abbinamento degli "studi tradizionali" alla pratica esecutiva nello studio delle armonie e delle scale pone l'allievo nella condizione di sviluppare da subito la sua creatività e la sua attitudine alla composizione.

Talvolta si osserva anche in allievi volenterosi e motivati un senso di frustrazione dovuto al non raggiungimento degli obiettivi prefissati, quasi come se il loro metodo di studio li facesse procedere in più direzioni ma senza convogliare i risultati verso un unico percorso organizzato.

Nasce così un atteggiamento esacerbato al limite del parossismo che può finanche portare l'allievo all'abbandono degli studi o, e questo forse è ancor peggio, al non dedicarsi più alla pratica musicale malgrado il conseguimento di un titolo.

Alla luce di questo approccio *"allievocentrico"* il primo obiettivo dell'insegnante dev'essere la conoscenza dell'allievo, delle sue inclinazioni, dei suoi gusti musicali, della presenza di una spiccata dote creativa[2].

Una volta delineato un profilo dell'allievo è di fondamentale importanza lavorare sulla motivazione: una organizzazione sequenziale dello studio deve attraversare le seguenti fasi:

- Curiosità: ovvero stimolare l'allievo attraverso proposte di ascolto specifiche, meglio ancora se fatte con esecuzioni dal vivo dell'insegnate durante la lezione.
- Valutazione: guidare l'allievo nella comprensione del livello di difficoltà del brano e della conseguente organizzazione dello studio *"step by step"* in modo da ottimizzare il tempo.

---

[2] Alcuni allievi, pur non avendo ancora approfondite conoscenze musicali, dimostrano grande creatività e predisposizione alla composizione. In questo senso non si può non coltivare da subito questo aspetto per l'assurda pretesa di acquisire prima un bagaglio scolastico.

- Mappatura del brano: ovvero l'analisi che precede la parte pratica sullo strumento, volta a definire gli elementi strutturali del brano, il suo ambito tonale, gli aspetti armonici, i passaggi tecnici maggiormente complessi, il linguaggio e il gusto interpretativo.
- Lettura generalizzata e focus sui frammenti
- Perfezionamento e velocizzazione
- Rifinitura ed esecuzione (in questa fase è utile utilizzare registrazioni audio e video per una autovalutazione)

Le suddette fasi di studio possono essere applicate prescindendo dal livello di difficoltà del brano, in quanto rappresentano più che il metodo in astratto, la forma mentis che l'allievo deve imparare ad acquisire a cominciare dai primi passi sullo strumento. Solo in questo modo lo studio avverrà sempre in maniera consapevole, non improvvisata ed efficace.

Come si suona il pianoforte?

La domanda, posta in tal guisa volutamente banale e provocatoria, focalizza l'attenzione su di un aspetto importante: la consapevolezza della fisicità nel rapporto con lo strumento.

Se per strumenti come i fiati ad esempio, l'emissione sonora è indissolubilmente legata alla respirazione, all'impostazione delle labbra ed alla percezione del controllo del suono, nel caso del pianoforte la cosa è ben diversa e questo non avvantaggia il pianista.

Il pianoforte, in quanto strumento a tastiera, suona a prescindere dal tocco, dall'impostazione della mano, dal controllo del peso delle dita e dai movimenti di braccia e polsi. Questo rende ben più difficile la ricerca di un proprio suono e la capacità di controllo dello strumento. Si aggiunga che, sempre a differenza di quasi tutti gli strumentisti che hanno il proprio strumento personale, i pianisti fatta eccezione del loro ambito privato, debbono confrontarsi di volta in volta con strumenti nuovi e diversi; questo avviene agli esami nelle scuole e nei conservatori, nelle sale concerto, nelle esibizioni pubbliche e negli studi di registrazione.

Alla luce di questi dati di fatto non trascurabili, è importante imparare ad essere consapevoli degli aspetti corporei e psicologici che stanno alla base di una esecuzione pianistica.

Per aspetti corporei si intenda innanzitutto la conoscenza degli elementi fisici coinvolti nell'esecuzione al pianoforte.

La maggior parte dei movimenti che le dita producono sulla tastiera sono il frutto del funzionamento meccanico dei tendini flessori ed estensori.

Chiaramente le dita rappresentano il terminale finale di collegamento con la tastiera, ma possiamo tranquillamente affermare che gran parte del sistema muscolo-scheletrico è coinvolto nell'esecuzione.

Ad esempio la muscolatura lombare ed addominale ci aiuta a tenere una postura corretta, né troppo rigida né eccessivamente ricurva verso la tastiera.

La cuffia dei rotatori della spalla consente quei movimenti laterali che amplificano l'ampiezza dello spazio a disposizione del pianista, creando una dimensione semicircolare che va dalla nota più grave a quella più acuta della tastiera.

I muscoli delle gambe, coinvolti specialmente nell'utilizzo dei pedali, sono fondamentali nel mantenimento di una seduta corretta e funzionale.

E in ultimo, ma non per importanza, tutta la muscolatura coinvolta nella respirazione.

Un errore comune dato dalla cattiva gestione della tensione emotiva nell'esecuzione è il suonare in apnea, con una respirazione frammentata, irregolare e scollegata dall'esecuzione.

E'fondamentale invece una buona gestione della respirazione per ossigenare adeguatamente il cervello e soprattutto per collegare in maniera simbiotica il nostro corpo allo strumento ed all'esecuzione.

Si potrebbe pensare che queste esigenze e questa consapevolezza riguardino esclusivamente il pianista che svolge attività concertistica professionale e invece sono fondamentali già dal primo approccio allo strumento affinché determinino quella sorta di imprinting positivo che con il tempo e lo studio potrà solo migliorare ed affinarsi.

Gli aspetti neurocognitivi

Ben più complessa è l'analisi degli aspetti neurocognitivi che coinvolgono il cervello di un musicista, ma è fondamentale conoscere determinati processi al fine di migliorare ed ottimizzare il percorso di studio e la sua resa.

Senza volerci addentrare specificamente in campo medico possiamo stabilire un assunto importante, frutto di numerose ricerche in campo neurologico che nel corso degli anni si sono notevolmente perfezionate grazie all'utilizzo di nuove tecnologie come la risonanza magnetica funzionale (fMRI), il magnetoencefalogramma (MEG), e la tomografia ed emissione di positroni (PET). L'attività musicale nello studio di uno strumento è in grado di modificare la struttura del cervello. Questo perché aumenta la produzione di mielina, una sostanza costituita da lipidi e proteine, in grado di aumentare la velocità di connessione neuronale nella cosiddetta materia bianca celebrale.[3]

Nell'esecuzione di un brano al pianoforte si stima un'attività elettrica del cervello superiore al miliardo di connessioni neurosinaptiche al secondo; questo ci dà la misura della complessità dell'attività neuronale.

Inoltre è fondamentale conoscere l'organizzazione gerarchica che crea il cervello nello svolgere simultaneamente le complesse funzioni che rendono possibile l'attività musicale:

L'acquisizione dello stimolo sonoro attraverso il padiglione uditivo e successivamente l'orecchio interno collegato alla corteccia celebrale che in una seconda fase decodifica ed interpreta il segnale sonoro producendo una

[3] Tratto da uno studio di Fredrik Ullen, del Karolinska Institutet (Stoccolma), pubblicato sulla rivista Nature Neuroscience

reazione causa-effetto che coinvolge emisfero destro e sinistro e il sistema nervoso sensorio e motorio in una reazione che genera a sua volta altri stimoli sonori (l'atto del suonare) creando in questo modo una circolarità ad altissima velocità di elaborazione.

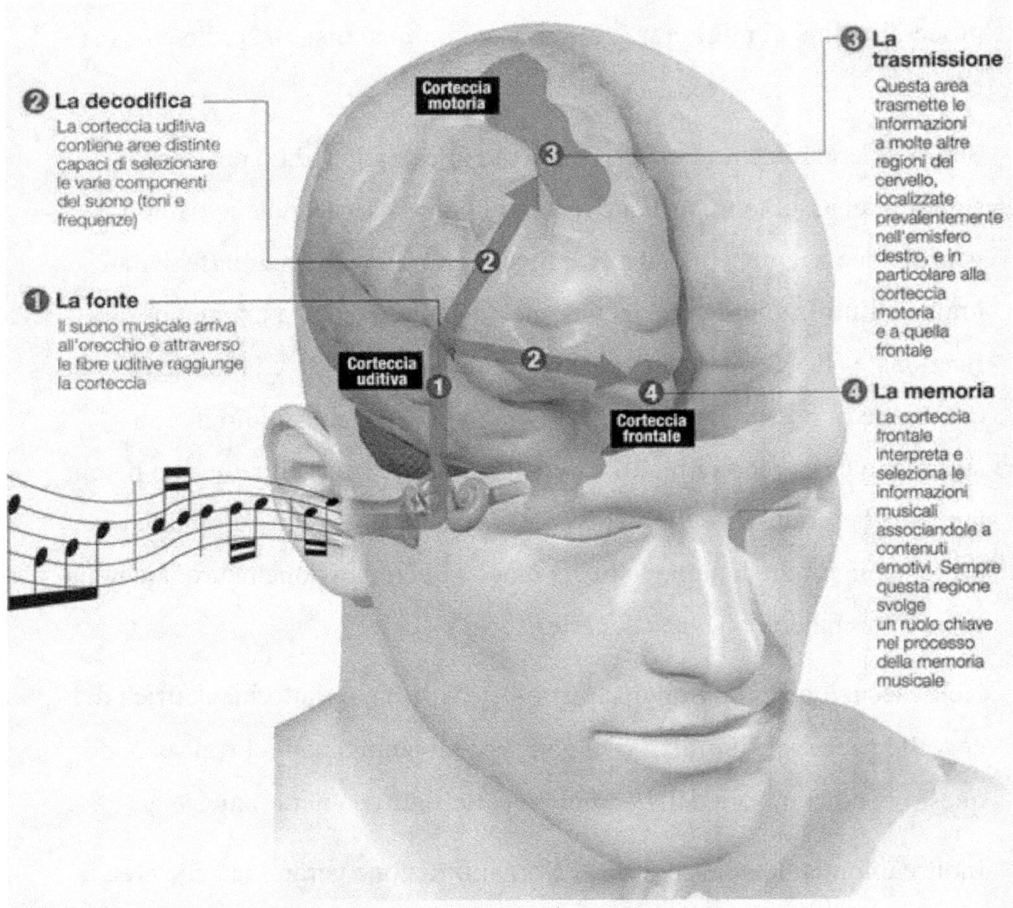

Questo processo così complesso è reso possibile dal nostro cervello attraverso una funzione multiprospettica che consente di far lavorare simultaneamente ma in background tutte le aree interessate, ponendo di volta in volta in risalto la funzione necessaria a seconda dello stimolo esterno. Ad esempio, in maniera estremamente semplificata, se nell'esecuzione di un brano attraversiamo un passaggio maggiormente impegnativo dal punto di vista tecnico, maggiore energia verrà convogliata dal cervello verso l'emisfero sinistro, mentre allo stesso modo se attraversiamo un passaggio dove maggiore è l'aspetto interpretativo ed emozionale, verrà principalmente coinvolto l'emisfero destro.

L'insieme di queste abilità determina la cosiddetta plasticità del cervello; ed è per questo motivo che è sempre crescente l'interesse degli studiosi verso la struttura celebrale dei musicisti e le differenze rispetto ai non musicisti, nell'ottica di comprendere e curare sempre meglio malattie degenerative come Alzheimer, Sla e Parkinson.

L'innovazione metodologica da Dalcroze a Paynter

L'elemento fondamentale di qualsiasi istituzione didattica e formativa è il *"capitale umano";* questo termine, preso in prestito dall'ambito economico, fu coniato da Adam Smith per indicare, con una formula matematica, la somma dei redditi attesi attualizzati di un individuo dal presente al momento del pensionamento.

$$\sum_{t=1}^{m} C_t + W_{at} - \frac{Q_{at}}{(1+i)^t} = \sum_{t=m+1}^{n} Q_{st} - \frac{W_{st}}{(1+i)^t}$$

Più tardi questo termine fu introdotto anche in ambito sociologico e formativo indicando la somma di competenze ed esperienze in grado di creare valore aggiunto.

Insegnante, maestro, formatore, educatore, sono tutti sinonimi che identificano una figura ben precisa ma al tempo stesso i cui confini operativi sono labili e suscettibili di interpretazione. Nella visione che abbiamo scelto di adottare nel concepire questo approccio alla didattica il termine più adatto è *"mentore"*. O potremmo, per chiarire meglio il concetto, scrivere *"Mentore"*. Siamo nella Grecia di tremila anni fa, Itaca è una piccola isola su cui regna Ulisse. Come decine di altri sovrani achei che hanno giurato fedeltà a Menelao, Ulisse si prepara a partire per la guerra di Troia, che lo terrà lontano dalla sua terra per vent'anni. Per questo motivo Ulisse decide di affidare suo figlio Telemaco alle cure e all'istruzione di Mentore, suo amico fidato, il quale avrà il compito di istruire il futuro re sull'arte della guerra, le astuzie della politica, le capacità oratorie e l'etica filosofica. Come narrato nella stessa *"Odissea"* Atena in persona, dea della sapienza e della guerra, si mostrerà a Telemaco nei momenti di maggior bisogno impersonando Mentore, per dargli i giusti consigli e preservarlo dagli errori dell'inesperienza. Questa breve citazione epica ci aiuta ad inquadrare il ruolo che riteniamo debba avere un insegnante: una guida, un consigliere, un amico esperto e generoso che condivide il suo sapere. Diversamente l'insegnamento si riduce al mero nozionismo, come nella metafora dell'imbuto di Norimberga dove all'istruzione è relegata l'arcaica funzione di trasferimento di conoscenza tra chi la possiede e chi no. Oggi passi avanti sono stati compiuti verso una nuova visione della didattica e dell'educazione, si parla infatti di pedagogia attiva, ma nell'ambito musicale c'è ancora tanta strada da fare per dare a quest'arte meravigliosa pari dignità rispetto ad altre discipline umanistiche e scientifiche. In estrema sintesi è il pensiero di Dalcroze che ritiene di fondamentale importanza l'educazione musicale ed estremamente urgente e necessaria una sua riorganizzazione nel mondo della scuola.

Per Dalcroze l'insegnamento musicale deve passare prima di tutto per gli elementi *"naturali"* della musica: il suono ed il ritmo. L'allievo va indirizzato, attraverso una serie di attività e di esercizi, verso la consapevolezza del suono e del ritmo. Nessun musicista potrà mai esprimersi adeguatamente senza questa consapevolezza. Da questa concezione si evince che è pressappoco inutile fornire nozioni musicali teoriche se non si stimola l'allievo a vivere la musica a livello fisico, emozionale ed esperienziale. Prendiamo ad esempio il ritmo. Troviamo una grande varietà di definizioni nei vari testi di teoria musicale, ma quello che sostiene Dalcroze è che dobbiamo riempire di significato queste definizioni attraverso una applicazione pratica del senso ritmico trasformandolo in gestualità ed esercizio. La consapevolezza del ritmo si ottiene attraverso un processo di dissociazione muscolare che consenta, a fronte di gesti ripetitivi e quindi ritmici (ad esempio una camminata regolarmente cadenzata) di contrapporre gesti asincroni per percepire la coesistenza e la simultaneità di ritmi differenti: quasi l'equivalente dell'esecuzione di un brano musicale in poliritmia. Un semplice esercizio pratico consiste nel far camminare gli allievi in maniera regolare, come se stessero scandendo un ritmo di 4/4; sotto la guida dell'insegnante si accentueranno, con un gesto o un movimento completamente diverso, man mano tutti e quattro i *"tempi"* della battuta. Il fatto stesso di dover di volta in volta accentare il primo, poi il secondo poi il terzo ed infine il quarto movimento con un gesto totalmente diverso dal camminare, rende l'allievo consapevole di due cose: la prima è che esiste un ritmo basico, quello della camminata, che è regolare e continuo. La seconda è che questo ritmo può essere interferito da un ritmo diverso, con un'altra gestualità ed un'altra forma cadenzale. Questo è solo un semplice esempio di quella che Dalcroze definisce la coscienza (o consapevolezza) del ritmo, e la cosa fondamentale è che pur essendo innata nell'essere umano va esercitata e poi successivamente indirizzata verso fini musicali. Discorso molto simile è quello che concerne la consapevolezza del suono. *"Noi siamo suono",* è una definizione di

Gordon riferita ai bambini nell'età dell'infanzia che sottolinea quanto di musicale ci sia nell'espressione umana. Uno studio molto interessante sull'affinità tra il linguaggio verbale e quello musicale è stato affrontato da Schenker e da Chomsky, pur in ambiti diversi: il primo musicologo ed il secondo filosofo e linguista. Entrambe, pur non avendo mai collaborato, concordano sull'affinità del linguaggio verbale e quello musicale sia da un punto di vista neurocognitivo, e quindi per ciò che concerne le modalità di apprendimento, sia da un punto di vista espressivo, per ciò che riguarda le caratteristiche del suono: il timbro, il colore, il ritmo. Anche qui, citando nuovamente Gordon, possiamo esemplificare in maniera molto semplice questo concetto: nello studio della fonetica viene data una particolare attenzione alla *"prosodia"* ovvero lo studio del suono e delle sue inflessioni nel linguaggio parlato. Se prendiamo ad esempio la *"lallazione"*, un normalissimo fenomeno di cui si servono i bambini nei primi mesi di vita come forma primordiale di comunicazione e di consapevolezza della propria voce, troviamo degli elementi del tutto simili (quandanche totalmente spontanei) al linguaggio musicale: differenti altezze dei suoni, una possibile reiterazione ritmica di alcune espressioni ed ancora un possibile fenomeno di stimolo/risposta rispetto a suoni provenienti dall'esterno. Del resto anche nelle persone adulte, quando comunicano con un bambino piccolo, si utilizza questo linguaggio: il cosiddetto *"baby talking"* ovvero una inflessione, questa volta consapevole, della voce con suoni e timbri simili a quelli utilizzati dai bambini stessi.

Per Dalcroze un altro aspetto fondamentale della coscienza del suono è l'immagine. Il suono deve avere una propria dimensione fisica, fatta di espressioni corporee che ne materializzino il significato fino a renderlo chiaro anche in assenza del suono stesso. Ne è esempio lampante la figura del direttore d'orchestra che nella sua gestualità fornisce tutte le informazioni necessarie all'orchestra per una corretta interpretazione della partitura. La fisicità del direttore, talvolta irruenta altre volte sensibile e delicata, dipinge su una tela virtuale le sonorità richieste agli orchestrali, ma anche il ritmo, la dinamica, il dialogo tra le sezioni e l'emotività legata al linguaggio della composizione. Questa gestualità, che agli occhi di chi osserva materializza il suono, deve diventare per il musicista strumento di consapevolezza e di musicalizzazione, affinché l'esecuzione musicale sia l'insieme di tanti elementi: fisici, emotivi, tecnici e comunicativi. Dalcroze auspica un intervento importante sui programmi e sui metodi di didattica musicale (quelli attuali sono purtroppo del tutto simili a quelli del suo tempo), perché relegare la musica ad un ruolo secondario, con poche ore settimanali a disposizione, rappresenta un grande limite verso il raggiungimento di obiettivi di cultura musicale generali ma soprattutto verso l'esercizio della musica come strumento di comunicazione e di socializzazione.

Un altro grande innovatore nella didattica musicale è stato sicuramente John Paynter. Il suo approccio è incentrato particolarmente sugli aspetti della creatività come strumento per l'apprendimento. Quando si parla di composizione musicale la si associa comunemente ad un percorso già maturo del musicista che ne impara i dettami e le regole, i linguaggi e gli stili talvolta con un risultato paradossalmente deludente, in quanto la sola conoscenza accademica, al netto dell'attitudine alla creatività, può risultare sterile: un semplice esercizio di stile teso a reiterare quella tradizione scolastica che non si pone il problema di innovarsi e di trovare nuove strade. Per Paynter tutto può essere considerato materiale sonoro e qualsiasi forma creativa può essere considerata composizione. In quest'ottica la creatività ha bisogno di una condizione mentale importantissima: la libertà.

Il sociologo Domenico de Masi parla in un suo libro di *"ozio creativo"* un termine che potrebbe sembrare contraddittorio basandoci sul fatto che tendenzialmente diamo alla parola "ozio" un'accezione negativa. Colui che ozia è un inetto ed in quanto tale nulla di creativo può nascere in lui. Esattamente l'opposto di ciò che intende de Masi. L'ozio è un momento di libertà della mente, di concentrazione sul *"sé interiore"* ed in questo senso è un terreno perfetto per la nascita di nuove idee. La creatività può utilizzare le conoscenze musicali ed avvalersene come strumenti del fare, ma per contro, non è condizione necessaria e sufficiente la conoscenza musicale perché vi sia creatività. Da insegnanti dobbiamo quindi esercitare da subito gli allievi all'utilizzo della creatività come strumento comunicativo e come mezzo per esplorare la conoscenza musicale. L'attitudine alla creatività libera dal pudore del non saper fare e stimola al tempo stesso alla ricerca di mezzi espressivi e di materiale sonoro da utilizzare. Paynter avalla ad esempio l'utilizzo di strumenti non convenzionali, spingendo addirittura gli allievi alla fabbricazione di strumenti artigianali oppure ad un utilizzo diverso degli strumenti di cui si dispone. Inoltre tutto ciò che ci circonda può essere considerato la nostra banca dati musicale: i suoni della natura, della città, degli oggetti comuni, del vissuto quotidiano. La cosa importante è non fare un uso superficiale di questo materiale, ma fissare dei criteri di catalogazione che richiedono un ascolto analitico di ciascun suono per poterlo definire e per potersene servire in maniera giustificate e consapevole. Ascoltare ad esempio dei suoni naturali dell'acqua può rappresentare una categoria molto varia che necessita di fissare degli elementi da osservare in ciascun suono: la sua durata, l'intensità, la velocità, la dinamica, il colore. Sono tutti elementi musicali che possiamo però applicare a qualsiasi fenomeno sonoro e dargli così una veste musicale trattandolo alla pari dei suoni riportati su uno spartito e riprodotti da un qualsiasi strumento. Anche in questo senso potrà essere utile immaginare una rappresentazione grafica dei suoni che abbiamo precedentemente catalogato ed archiviato in modo da rendere il nostro lavoro replicabile anche dagli altri. Questa è un'attività estremamente formativa per una classe, aldilà dello studio della tecnica strumentale o della teoria musicale, perché forma alla musica come strumento di comunicazione e di aggregazione sociale.

In conclusione, la lezione che questi grandi innovatori della didattica ci hanno lasciato è che nel rapporto con l'allievo, quest'ultimo non deve essere visto come un contenitore nel quale riversare la nostra conoscenza, ma piuttosto come il terreno in cui seminarla dando la possibilità di uno sviluppo che tenga conto dell'unicità di ciascun individuo. Come abili sarti dovremo saper cucire addosso il nostro metodo nei tempi e nei modi che maggiormente si confanno alla personalità dell'allievo ed alle sue attitudini personali. Sapremo allora ben interpretare la figura di mentore creando un rapporto basato sulla competenza ma anche sull'aspetto umano, comunicativo e della crescita reciproca. Citando Rita Levi Montalcini: *"La scelta di un giovane dipende dalla sua inclinazione, ma anche dalla fortuna di incontrare un grande maestro."* e ancora citando Socrate *"L'insegnante mediocre racconta. Il bravo insegnante spiega. L'insegnante eccellente dimostra. Il maestro ispira."*

Proposta di Unità Didattica suddivisa sui tre anni di percorso strumentale nella scuola primaria di secondo grado ad indirizzo musicale.

Introduzione

La peculiarità che questa proposta didattica per il percorso strumentale di pianoforte nella scuola primaria di secondo grado vuole evidenziare, è la centralità dell'allievo e la totale personalizzazione del percorso di studio che dovrà essere costruito sulla base delle sue specifiche attitudini, tendenze musicali e gusti personali. Si è tenuto conto, nella strutturazione del percorso, del reale investimento in termini di tempi di studio, che l'attuale organizzazione scolastica ma anche gli impegni sociali e familiari degli allievi di oggi concretamente consentono. Per cui varrà su tutto il principio del *"poco ma di qualità"* e del *"poco ma tutti i giorni"* con l'obiettivo di uno studio mirato, ben organizzato e concentrato in 45/50 minuti di lavoro quotidiano sullo strumento.
Di seguito riportiamo le ***"skills"*** che si intendono realizzare come obiettivo a lungo termine sui tre anni di percorso; successivamente verranno dettagliati per ciascun anno di corso: prerequisiti, obiettivi di breve e medio termine, capacità da acquisire e criteri di verifica.

- ♫ Acquisizione di una buona padronanza della tastiera nell'esecuzione dallo spartito oppure ad orecchio;

- ♫ Capacità di lettura ritmico/melodica e di allenamento dell'orecchio a riconoscere intervalli, accordi e melodie;

- ♫ Acquisizione di un metodo di studio funzionale, produttivo e divertente;

- ♫ Sviluppo di una propria capacità espressiva e compositiva, finalizzata all'esecuzione pubblica (saggi, concerti live, esperienze in studio di registrazione) ed allo sviluppo creativo di differenti linguaggi musicali.

Primo periodo *(prova di ingresso)*

- Colloquio conoscitivo con l'alunno, teso a verificare eventuali competenze strumentali, gusti musicali e capacità ritmico/vocali.
- Presentazione dello strumento.
- Postura del corpo, posizione delle mani, esercizi a tastiera chiusa con simulazione del movimento di articolazione delle dita e di utilizzo delle leve: spalla/braccio/avambraccio/polso. Rilassamento del corpo, delle braccia, dei polsi e respirazione.
- In questa fase non è necessario che l'allievo possegga già dei prerequisiti musicali.

Secondo periodo *(ottobre/dicembre)*

- Esercizi sulle cinque dita dapprima con riferimenti numerici e poi con notazione musicale.
- Ascolti mirati per sensibilizzare ed allenare l'orecchio interiore. Utilizzo delle prime scale e dei primi accordi. Nell'arco del primo anno verranno esaminate le scale di Do Magg.; Sol Magg. (secondo periodo) Fa Magg.; e Re Magg. (terzo periodo); con lo studio delle relative triadi collegate.
- Preparazione brani per il saggio natalizio, sia solistici che a quattro mani. (trascrizioni facilissime di canti o melodie della tradizione popolare).

Terzo periodo *(gennaio/marzo)*

- Miglioramento degli aspetti tecnici come il controllo e la velocità.
- Studi facili per lo sviluppo dell'espressività; sviluppo del legato; principi di gestualità pianistica; "suono e respiro".
- Polifonia – Il pianoforte come strumento polifonico.

Studio di semplici canoni a due voci.
- Repertorio: Brani pianistico/didattici e brani a libera scelta non solo nel repertorio "classico" ma anche pop e jazz di livello di difficoltà consono.

Periodo conclusivo dell'A.S.

- Sviluppo della capacità compositiva dell'alunno partendo da semplici idee musicali di libera invenzione e passando a rielaborare una melodia cambiando gli accordi ed inventare una melodia su una semplice sequenza armonica data. Il lavoro andrà svolto sia con la voce che con lo strumento.
- Musicalizzazione di un testo poetico con melodia e accordi.
- Revisione delle scale e degli accordi imparati nel corso dell'anno e scelta di brani per il saggio di fine anno.

CRITERI DI VERIFICA

L'approccio che questo metodo intende attuare prevede, al netto delle necessarie verifiche richieste dall'istituto, il superamento dell'idea della prova di esame. E'utile una preparazione strumentale e psicologica che consenta all'allievo di potersi esibire in pubblico in modo spontaneo e divertito, gestendo le proprie emozioni e sapendo convogliare la propria energia in modo costruttivo e musicale. Si verificherà, al termine del primo anno del percorso, la capacità dell'allievo di saper organizzare il proprio carico di studio, l'autenticità e l'originalità del proprio linguaggio musicale e soprattutto la propria dimensione creativa, discutendo se possibile con gli altri insegnanti ed allievi, le composizioni realizzate durante l'anno con la possibilità ove la bontà del materiale lo consenta, di utilizzarle anche per il saggio di fine anno. Nell'ottica di indurre l'allievo a vivere la musica in maniera esperienziale e ludica, il concetto di voto ci sembra alquanto limitante e obsoleto. E' fondamentale istituire un principio di meritocrazia, magari premiando con delle registrazioni audio e video che resteranno nella disponibilità della classe e dell'istituto, gli allievi di maggior valore, affinchè la prospettiva di veder realizzati i propri lavori artistici funga da monito anche per gli altri allievi per coltivare un maggior impegno ed una maggiore dedizione verso lo strumento.

Primo periodo *(settembre)*

Riepilogo del lavoro svolto nell'anno precedente e durante l'estate per fissare i nuovi obiettivi a breve, medio e lungo termine. Verifica della condizione tecnica della mano per stabilire la necessità di un periodo di preparazione (circa 15gg) tecnica prima di affrontare brani nuovi. Ascolto nuove proposte di brani.

Secondo periodo *(ottobre/dicembre)*

- Tecnica: esercizi sulle cinque dita con aumento progressivo della velocità; staccato e legato (movimento attivo e coordinato del braccio, polso, mano e dita); esercizi per il pollice, scale nell'estensione di due ottave con aggiunta di quattro nuove tonalità.
- Esercizi di ascolto attivo per l'allenamento dell'orecchio.
- Repertorio: studio di brani opportunamente scelti secondo le potenzialità ed il gusto degli allievi in coincidenza con il periodo natalizio, a due e quattro mani.
- La mappatura di un brano musicale: analisi, ascolto, studio della partitura per la creazione di riferimenti melodico/armonici.

Terzo periodo *(Gennaio/marzo)*

- Perfezionamento del repertorio degli studi scelti
- Completamento del percorso di scale e accordi previsto per il secondo anno: Sib Maggiore; La Maggiore; Mib Maggiore; Mi Maggiore e relativi giri

armonici.
- Esercizi di lettura facile a prima vista

Periodo conclusivo dell'A.S.

- Lavoro di gruppo o in coppia con altro/i strumentisti
- Elaborazione creativa di una o più melodie
- Registrazione di un brano a scelta

PIANO DI STUDIO - CLASSE TERZA

Primo periodo *(settembre)*

Se, dopo i primi due anni di studio, ci sono alunni che evidenziano una particolare motivazione ed inclinazione al pianoforte, il lavoro che verrà effettuato durante l'anno conclusivo del corso ad indirizzo musicale dovrà essere più intenso e approfondito, finalizzato ad una eventuale preparazione al Conservatorio di Musica, o al superamento della prova attitudinale al Liceo coreutico/musicale.

Secondo periodo *(ottobre/dicembre)*

- Studi polifonici di livello base
- Trascrizione di semplici frasi ritmico/melodiche
- Lettura a prima vista con accenno di trasporto un tono sopra e sotto

Terzo periodo *(Gennaio/marzo)*

- Completamento percorso scale e accordi nelle ulteriori quattro tonalità proposte: Si Maggiore; Do# Maggiore,

Lab Maggiore; Solb Maggiore.
- Destrutturazione di un brano e utilizzo del materiale sonoro per una nuova composizione

Ultimo periodo *(Aprile/giugno)*

- Preparazione esibizione di fine anno con esercizio di memorizzazione dell'esecuzione.
- Composizione di un brano inedito di qualsiasi genere musicale, anche eventualmente cantato.
- Registrazione degli elaborati musicali più interessanti realizzati dall'allievo.

Criteri di valutazione generale del percorso dell'allievo

Nell'arco dei tre anni di percorso gli obiettivi saranno stati **condivisi** tra l'allievo e l'insegnante con lo scopo di personalizzare al massimo il lavoro nell'ottica dell'unicità di ciascun allievo. Mettere l'allievo al centro del progetto didattico significa valorizzare le sue caratteristiche creative e la sua sensibilità musicale; pertanto, al netto di un minimo comun denominatore del livello raggiunto in termini tecnici, di linguaggio musicale e di repertorio, è plausibile che ciascun allievo abbia raggiunto i medesimi risultati in modo radicalmente diverso dagli altri. Questo aspetto deve essere opportunamente illustrato e documentato anche nei vari consessi scolastici, con il fine di dimostrare che la didattica, specie quella dello strumento, deve avere caratteristiche di proattività e di plasticità nel plasmare singolarmente ogni allievo, fornendo da un lato una educazione musicale di base che rappresenterà un

, importante della formazione futura, quandanche l'allievo intraprendesse altri percorsi scolastici; e dall'altro una formazione artistica che, in quanto tale, deve valorizzare lo spirito creativo di ogni individuo abolendo ogni tipo di conformazione a degli standard didattici sterili e obsoleti. L'universalità dell'educazione esprime in questo il suo più pregnante aspetto: lavorare con gli allievi su un canale di circolarità di stimoli/risposte e di crescita continua, affinché l'insegnante collabori alla formazione dell'allievo, senza imporre un proprio imprinting ma agevolando la ricerca di percorsi individuali.

Pertanto dell'allievo si valuterà in generale la crescita nella capacità organizzativa del proprio studio; le attitudini creative nel perseguire una propria personalità musicale; l'ampliamento delle sue conoscenze di generi, forme e stili musicali del passato e del presente e infine la sua capacità esecutiva e la maturità raggiunta nel presentarsi nelle occasioni di pubbliche esibizioni.

Di seguito riportiamo in tabella un elenco di testi musicali a scopo didattico comunemente utilizzato nella scuola primaria di secondo grado ad indirizzo musicale.[1]

TESTI ATTUALMENTE IN USO NELLE SCUOLE AD INDIRIZZO MUSICALE	
AUTORE	**TITOLO**
CLASSE PRIMA	
Alessandro Longo	Tecnica pianistica vol. I° - fasc. A
Insegnante	Formule tecniche da applicare sul repertorio
Florestano Rossomandi	Guida allo studio del pf. – vol. I°
Florestano Rossomandi	Antologia pianistica – vol.I°
E.Pozzoli	Esercizi elementari
M.Vacca	Musigatto (liv. Preparatorio - I° liv.)
James Bastien	Piano – livello preparatorio – I°livello
James Bastien	The Joi of classic
Giuseppe Piccioli	Antologia pianistica – vol. I°
A. Aaron	Corso di pianoforte vol. I
CLASSE SECONDA	
Insegnante	Formule tecniche per il consolidamento delle abilità
Florestano Rossomandi	Guida allo studio del pf. – vol. I°
Florestano Rossomandi	Antologia pianistica – vol.I
Giuseppe Piccioli	Antologia pianistica – vol. I° (seconda parte)
M.Vacca	"Uno studio tira l'altro"
A. Aaron	Corso di pianoforte vol. 2
K.Czerny	Czernyana – vol. I
J.S.Bach	Libro di A.Magdalena – Il mio primo Bach
E.Pozzoli	Primi esercizi di stile polifonico
R.Vinciguerra	Brani scelti da varie antologie
Orchestra	Brani vari
CLASSE TERZA	
Insegnante	Formule tecniche per il consolidamento delle abilità
Alessandro Longo	Tecnica pianistica vol. I° - fasc. A
Florestano Rossomandi	Guida allo studio del pf. – vol. I°
Florestano Rossomandi	Antologia pianistica – vol. I- 2
M.Vacca	"Uno studio tira l'altro"
J.S.Bach	Il mio primo Bach – Il libro di A.Magdalena
K.Czerny	Studi scelti – Czernyana vol. I-2
Kaciaturian – Kabalesky – Bartok e altri autori contemporanei	Brani scelti dalle varie raccolte
R.Vinciguerra	Brani di stile jazzistico
Orchestra	Brani vari

([1]) *Alcuni siti internet come* ***https://imslp.org****, consentono di scaricare legalmente parti musicali (composizioni di dominio pubblico), suddivise in base ai vari periodi di studio.*

Abbiamo già affrontato nei capitoli precedenti l'utilità di un ulteriore metodo rispetto alla già grande quantità di testi dedicati alla didattica del pianoforte.

L'idea è dare delle disposizioni eminentemente pratiche che consentano all'allievo di mettersi fin da subito alla prova con lo strumento per poter delineare un percorso che lo porti, nell'ambito dei tre anni di scuola secondaria di primo grado, ad avere sufficienti competenze ed abilità sullo strumento.

Le "skills" che ci prefiggiamo di raggiungere sono le seguenti.

- Un buon livello di lettura, anche estemporanea, nelle due chiavi principali per il pianoforte ovvero Violino e Basso.
- Una educazione all'ascolto che consenta di riconoscere all'interno di un brano proposto intervalli ed armonie; di riproporre ad orecchio una melodia ascoltata e provare a trascriverla.
- Una manualità ed agilità tecnica sulla tastiera in grado di sostenere studi di bassa e media difficoltà.
- Un approccio all'improvvisazione basata sullo sviluppo di semplici frasi su un'armonia data oppure sulla variazione di un'idea tematica data.
- La costruzione di un repertorio di brani, di livello adeguato, che consentano all'allievo di abituarsi alla pubblica esecuzione e alla registrazione.

L. A. M. I. R.

Il nostro acronimo sintetizza dunque le abilità che intendiamo sviluppare nell'allievo:

Lettura, Ascolto, Manualità, Improvvisazione, Repertorio.

Da dove partire?

Ebbene mi si consenta una digressione citando quello che forse è lo slogan più conosciuto in ambito marketing da quando fu ideato nel 1988:

"JUST DO IT"!

L'origine di questo geniale slogan si deve in realtà al macabro episodio di un condannato a morte nello stato dello Utah, Gary Glimore il quale pronunciò questa frase: "Let's do it" prima di essere fucilato.

Ebbene nella visione forse un po' folle di Dan Wieden, esperto in comunicazione e collaboratore di Nike, Glimore sapeva di andare incontro ad una battaglia persa ma volle affrontarla in ogni caso.

Questo concetto translato allo sport diede luogo all'imperativo "Just do it" ovvero "fallo e basta".

Questo è lo spirito secondo cui bisognerebbe approcciare alla musica: immediato, coraggioso, entusiasta, privo di ogni condizionamento accademico.

Tutto il resto verrà, se avremo la costanza e la pazienza di accrescere il desiderio di migliorare senza perdere mai il rapporto ludico con l'arte.

Un musicista che non si diverte con quello che fa non rappresenta un valore aggiunto per l'arte stessa, così come l'arte non riuscirà ad accrescerlo come individuo.

E allora dimentichiamoci le sovrastrutture mentali che hanno soffocato la didattica per troppi anni con luoghi comuni che non trovano alcun riscontro con la realtà. Per citarne qualcuno, in modo da dimostrarne il pregiudizio e l'infondatezza su cui si basano, parliamo ad esempio dell'idea della musica cosiddetta "colta" o "classica" rispetto a tutti gli altri generi.

Saper leggere la musica, conoscere le regole dell'armonia, il repertorio dei grandi pianisti del passato, le forme compositive ci rende forse musicisti completi? A mio avviso il musicista "completo" non esiste e guai se esistesse perché vorrebbe dire fermare il processo creativo con il quale la musica cresce, si evolve, si espande. Alcuni dei più grandi musicisti di epoca contemporanea come Dizzy Gillespie, Beatles, Rolling Stones, Jimi Hendrix, Jimmy Page, Frank Zappa, Eric Clapton, Kurt Cobain nascono come autodidatti. Questo non vuol dire rifiuto della regola o inutilità di un codice ma piuttosto che qualsiasi cosa può rappresentare valore aggiunto all'arte ed alla musica se è funzionale ed al servizio di quest'ultima. Del resto, viaggiando un attimo con la fantasia, cosa sarebbe riuscito a creare Bach ai tempi della musica elettronica? Che colonna sonora avrebbe scritto Beethoven per Spielberg o come avrebbe duettato Listz con Charlie Parker e Miles Davis?

La musica non può essere vista se non in maniera trasversale ed universale.

Credo che ciascun didatta dovrebbe infondere questo spirito nei propri allievi per renderli appassionati, per "musicalizzarli", per motivarli difronte alle difficoltà che dovranno attraversare durante il loro percorso.

Torniamo adesso al nostro "Just do it" e approcciamoci ai primi passi da compiere durante una delle prime lezioni conoscitive.

Esercizi di approccio alla tastiera

Un aspetto importante che spesso viene trascurato nella pratica strumentale è l'utilità del canto.

La voce è il nostro strumento "primordiale" e imparare ad intonare i suoni è innanzitutto un ottimo allenamento per il nostro orecchio interiore.

Si eseguano quindi questi semplici esercizi di articolazione posizionando le dita della mano destra e della mano sinistra dal Do al Sol (come rappresentato nell'immagine sottostante)

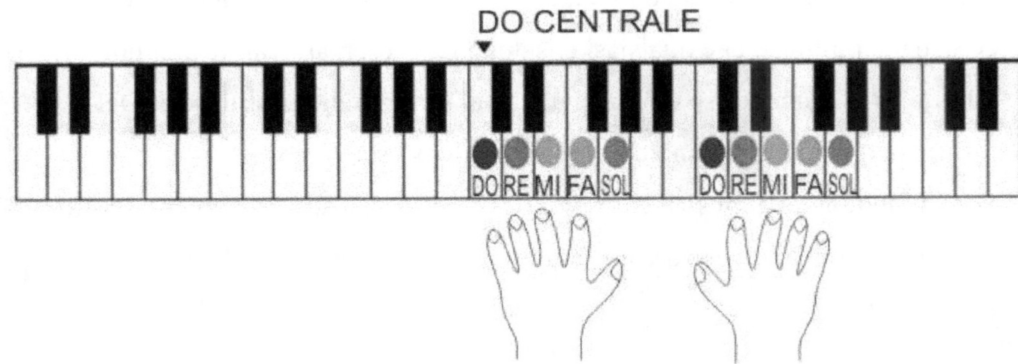

Dopo averli eseguiti provare ad intonare le diverse altezze dei suoni anche senza pronunciare il nome delle note ma semplicemente vocalizzando i suoni pronunciando "TA".

Al termine degli esercizi verrà proposta una semplice melodia. Dopo averla ascoltata provare a riprodurre gli stessi suoni ad orecchio sulla tastiera.

In una prima fase gli esercizi verranno scritti con i numeri al posto delle note ad indicare il dito da utilizzare, subito dopo però gli stessi esercizi saranno riproposti graficamente con le note scritte ed i relativi valori.

Esercizio n° 1

MANO DESTRA

4

[4] Si esegua ogni rigo ripetuto due volte rilassando mano, polso e braccio ogni volta che si arriva all'ultima battuta col il primo dito sul do. Contare fino a quattro prima della ripetizione.

Esercizio n°1

MANO SINISTRA

Esercizio n. 1

MANO SINISTRA

Creiamo una sequenza melodica con i numeri

Di seguito verranno riportate delle sequenze melodiche del tutto simili agli esercizi precedenti, costruite con i numeri delle dita al posto delle note stesse. Negli esercizi verranno omesse alcune dita (note) in modo tale da esercitare l'allievo ad inserire il dito (la nota) che preferisce, seguendo il proprio gusto melodico nell'idea che intende costruire. A questo punto possiamo inserire anche un ulteriore elemento riguardante la durata della nota. Finora gli esercizi precedenti erano tutti strutturati con note dello stesso valore ad eccezione della nota di fine rigo finalizzata al rilassamento.

Non intendiamo ancora addentrarci nello studio dei valori musicali per cui utilizzeremo solo il concetto di nota *"breve"* e *"lunga"* con un rapporto di valore di 2:1, ovvero la lunga vale il doppio della breve. Indicheremo pertanto il solo numero del dito per la prima, ed il numero del dito seguito da un trattino per la seconda.
Es: 1 (nota breve) 1- (nota lunga)

Ipotizzando per ciascuna battuta quattro pulsazioni ritmiche ne consegue che in una battuta potremo avere varie combinazioni come ad esempio quattro note *"breve";* due note *"lunga";* o ancora un mix di due note *"breve"* ed una *"lunga"* e così via.

Ben presto introdurremo il concetto dei valori delle note ed il loro utilizzo pratico, ma in questa fase ci interessa concentrare l'attenzione dell'allievo sulle possibilità creative in ambito melodico, senza distrarlo con la lettura delle note e dei loro valori. Successivamente l'insegnante potrà trascrivere la melodia ideata dall'allievo per dargli dimostrazione della traslazione grafica sul pentagramma.

Sequenza melodica con i numeri

Si esegua l'esercizio con la mano destra contando le quattro pulsazioni di ciascuna battuta. Utilizzare sempre la doppia ripetizione per ciascun rigo.

Si consiglia di lavorare sui primi 20 esercizi di Beyer, *"Scuola preparatoria al pianoforte op. 101,* Milano, Ricordi, 1984

ESERCIZI A DUE MANI SULLE CINQUE DITA

Di seguito riportiamo cinque esercizi melodici a due mani sulle cinque dita.

L'allievo non dovrà solo esercitarsi a leggerli a tempo a mani unite, ma dovrà successivamente provare ad utilizzarli come spunto melodico per la creazione di ulteriori otto battute cercando di non discostarsi eccessivamente dall'idea originale in modo da mantenere una coerenza formale.

PILL ONE

PILL TWO

PILL THREE

©

PILL FOUR

©

PILL FIVE

LE SCALE

La conoscenza approfondita delle scale è di fondamentale importanza perché molti degli aspetti melodici ed armonici sono riconducibili proprio a quest'ultime. Inoltre lavorare con e sulle scale di tutte le tonalità, ci abitua ad avere dimestichezza anche con posizioni più scomode sulla tastiera o con una lettura più complessa perché ricca di alterazioni.

Convenzionalmente nello studio del pianoforte ci si limita all'apprendimento delle scale diatoniche maggiori, minori armoniche e melodiche. Sarebbe invece opportuno abituarsi da subito ad ampliare le tipologie di scale per ciascuna tonalità aggiungendo ad esempio le scale pentatoniche maggiore e minore, la scala blues e quella bebop in modo da aumentare la gamma di possibilità per ciascun ambito tonale.

Dal punto di vista tecnico l'aspetto predominante della scala è il passaggio del pollice, fondamentale per proseguire a suonare la scala in tutta la sua estensione ed anche su più ottave. E' chiaro che, avendo le nostre mani una posizione speculare sulla tastiera, i passaggi del pollice della mano destra non corrisponderanno a quelli della mano sinistra e viceversa. Il modo per sviluppare da subito una buona agilità nell'esecuzione della scala è quello di considerare ogni passaggio del pollice come un frammento, fermandosi pertanto sulla prima nota successiva al passaggio e, prima ancora di suonarla, verificare che nella girata non si alzi eccessivamente il polso e che la mano rimanga allineata alla tastiera senza movimenti verso l'esterno di polso ed avambraccio. Per controllare meglio il passaggio del pollice sotto il palmo della mano ci si può fermare un attimo prima di completare il passaggio stesso (quindi prima di risuonare con il pollice) ripetendo più volte questo movimento così da creare memoria visiva del gesto della mano.

Esempio: Do – Re – Mi – Fa -

Su queste prime quattro note utilizzeremo per la mano destra le seguenti dita: 1-2-3-1

Il passaggio del pollice pertanto avverrà tra il mi ed il fa, ovvero dopo il terzo dito. Il frammento in questo caso ci permetterà di concentrarci sul primo passaggio del pollice che incontriamo nella scala per quanto riguarda la mando destra, predisponendo e posizionando la mano in modo da continuare la scala verso il do dell'ottava superiore.

Il secondo frammento infatti andrà costruito sulle note: Fa - Sol - La - Si - Do

L'ultimo Do potrà avere funzione di passaggio all'ottava superiore o di conclusione del moto ascendente. Nel primo caso sul Si si verifica il secondo passaggio del pollice. Nel primo frammento ci eravamo fermati sul Fa posizionando il pollice, per cui ripartendo da qui avremo le seguenti dita: 2 - 3- 4 rispettivamente sul Sol-La-Si.

Il secondo frammento si concluderà sul Do all'ottava superiore dove verrà riposizionato il primo dito (pollice) per poter ripetere la sequenza per una seconda ottava, oppure il quinto dito per concludere il moto ascendente e ripartire con il moto discendente.

Per quanto riguarda la mano sinistra il primo passaggio del pollice si avrà sul La: utilizzeremo il terzo dito per il passaggio del pollice; il secondo frammento vedrà il passaggio sul pollice con il quarto dito sul re per passare all'ottava successiva.

Diteggiatura della scala di Do Maggiore

[5]

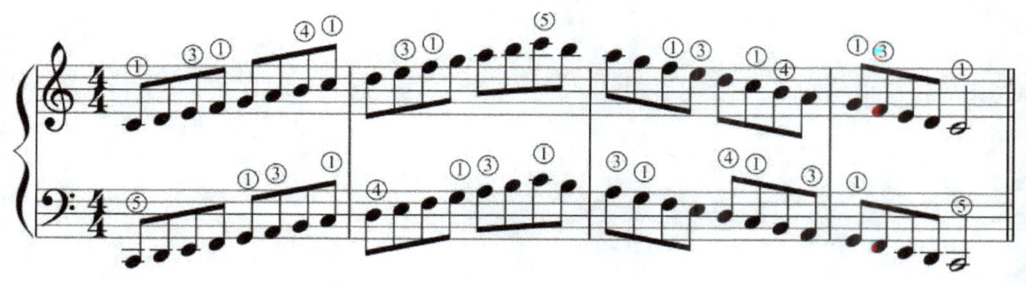

[5] Esempio tratto da Mannino V., *Le scale per Pianoforte,* Milano, Edizioni Curci, 2010

Scale di Do

Do Maggiore
5
Do Minore Armonica
9
Do minore Melodica
13
Do minore Naturale
17
Do Pentatonica maggiore
22
Do Pentatonica minore
28
Scala Blues di Do
30
Scala Bebop di Do

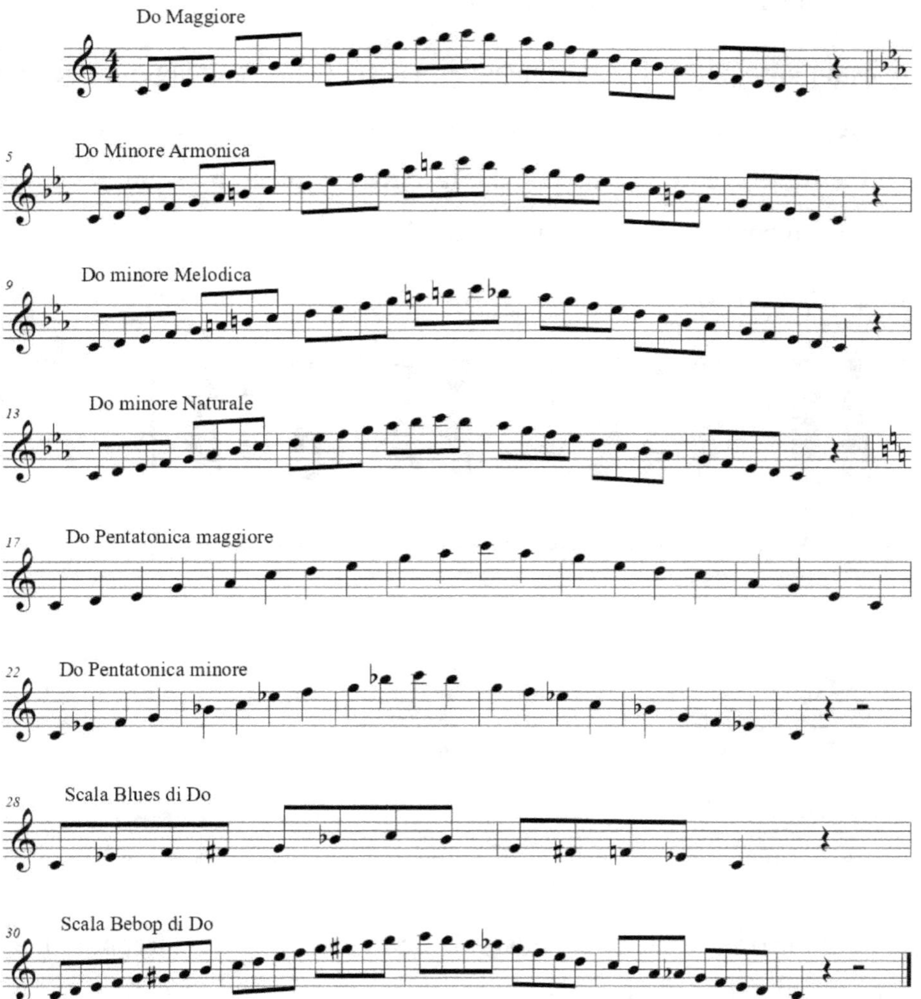

Per la diteggiatura delle scale maggiore, minore armonica e melodica si faccia riferimento al libro di Luigi Finizio "Le Scale". Per le altre scale invece si sperimentino pure diversi tipi di diteggiatura con l'unico obiettivo di avere comodità e fluidità di movimento.

A questo punto è importante concepire la scala diatonica maggiore non solo come successione di note ma anche come possibile successione di accordi. Con il termine accordo si intende un insieme di almeno tre suoni eseguiti simultaneamente. La definizione standard è "triade".

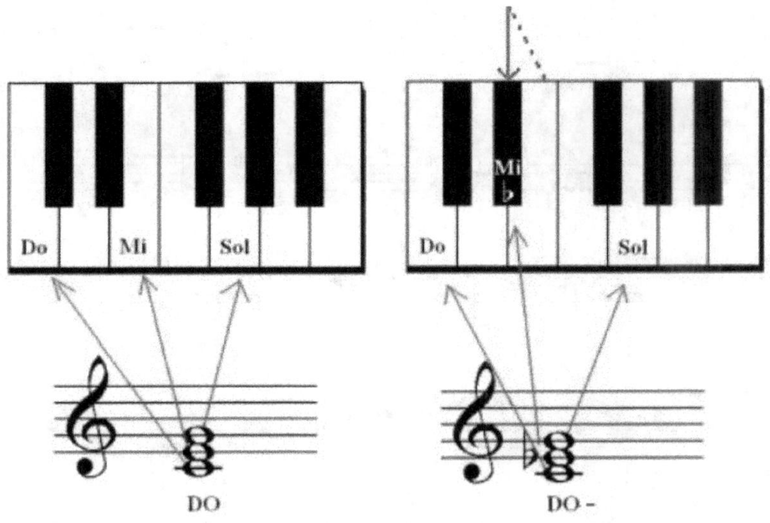

Nella figura sopra vediamo a sinistra l'accordo di Do maggiore, punto di partenza della scala di Do concepita non come successione di note ma di accordi. Proseguendo a suonare tutte le altre note della scala di Do, che potremo da questo momento definire anche "gradi", avremo una sequenza di accordi che si divideranno naturalmente in maggiori e minori con la presenza anche di un accordo diminuito sul Si (7° grado).

Ma cosa differenzia un accordo maggiore da uno minore? La nota centrale delle tre che lo costituiscono. Tecnicamente definita "modale" proprio perché determina il modo maggiore o minore di una triade. Per comprendere bene questo concetto dobbiamo definire l'idea di intervallo, che altro non è che la distanza che intercorre tra due suoni. L'intervallo più piccolo è il "semitono": ad esempio la distanza tra un tasto bianco e quello nero immediatamente successivo è un semitono. L'unione di due semitoni viene definita "tono".

Tornando all'accordo di Do maggiore la distanza tra do e mi è di tre suoni (Do-Re-Mi) per cui possiamo definirla distanza di terza. Anche quella tra il Mi e il Sol è una distanza di terza ma come vedremo più avanti è diversa dalla precedente. Sintetizzando: la sovrapposizione di due intervalli di terza genera una triade. Volutamente non entriamo nel merito della spiegazione degli accordi perché obiettivo principale in questa fase è l'esecuzione diretta della scala di Do per accordi (tecnicamente una scala suonata per accordi si definisce "armonizzata").

Gli accordi dello schema qui riportato devono essere eseguiti sia con la mano destra che con la mano sinistra utilizzando il primo, terzo e quinto dito. Molto semplicemente noteremo che verranno utilizzati solo i tasti bianchi e che sarà sempre prevista l'alternanza di un tasto suonato ed uno no nel completare le triadi.

Una volta acquisita dimestichezza con le triadi si provi ad unire la scala per note con quella per accordi secondo l'esempio dell'esercizio n.2 qui riportato

Dalla successione di accordi che si evincono dalla scala armonizzata, possiamo trarre una sequenza armonica di quattro accordi definita *"giro armonico"* o nella definizione anglosassone *"turn around"*. Gli accordi in questione si trovano sui seguenti gradi della scala: I - VI - II - V ovvero sulle note DO - LA - RE - SOL.

Questa sequenza di quattro accordi, da un punto di vista fraseologico, ha un senso compiuto, per cui può essere utilizzata come base armonica per lo sviluppo di una melodia o anche semplicemente per esercitarsi e sperimentale le potenzialità della scala. Per maggiore comodità della mano sinistra, utilizzeremo delle posizioni differenti rispetto agli accordi suonati nell'ambito della scala. Tecnicamente useremo dei "rivolti" ma rimandiamo la spiegazione di questo concetto più avanti; per il momento è utile fissare il principio della nota in comune: ovvero nel collegare due accordi verifichiamo se è presente una (o anche due) nota in comune. Se si possiamo tenerla ferma, quindi "in comune", tra i due accordi andando a far muovere soltanto le altre note. Questo ottimizzerà al massimo il movimento della mano sulla tastiera e renderà anche il suono più gradevole perché non vi saranno salti eccessivi tra un accordo e l'altro.

ESERCIZIO n. 3

Come si può evincere dall'esercizio sopra, nel collegare gli accordi abbiamo ridotto al minimo la mobilità della mano. Tra l'accordo di Do e quello di La il *do* e il *mi* restano fermi mentre solo il *sol* si sposta verso il *la*. Nel collegare invece l'accordo di La e quello di Re vedremo che la nota in comune è proprio il *la,* che pertanto resterà ferma, lasciando muovere invece il *do* e il *mi* rispettivamente verso il *re* ed il *fa*. Infine nel collegamento tra gli accordi di Re ed il Sol terremo ferme le note *re* e *fa* andando a spostare solo il *la* verso il si. In questo caso verrà generato un accordo di settima, ma al momento non è oggetto della nostra spiegazione. Una volta acquisita dimestichezza con questa sequenza armonica si può provare ad utilizzarla come base armonica (o "pad armonico") per inventare una melodia dapprima cantata e poi suonata con la mano destra, a partire dall'esecuzione delle scale di Do o di porzioni di esse.

Nell'arco del primo anno di corso verranno affrontante le seguenti tonalità: Do Maggiore, Sol Maggiore, Fa Maggiore e Re Maggiore. Si è deciso di non procedere secondo lo standard del giro delle quinte che prevede prima lo studio di tutte le scale con i diesis e poi di tutte quelle con i bemolli, perché la ratio che si intende applicare è quella degli accordi in comune tra le varie scale, andando man mano ad aggiungerne di nuovi. Per ciascuna nuova tonalità e quindi scala, verrà replicato il lavoro fatto per la tonalità di Do, con la creazione del giro armonico di riferimento ed i relativi esercizi di esecuzione della scala o di porzioni di essa, sul giro armonico.

Riportiamo di seguito le scale nelle restanti tre tonalità con i relativi giri armonici:

Scale di Sol

Sol Maggiore
5
Sol Minore Armonica
9
Sol Minore Melodica
13
Sol Minore Naturale
17
Sol Pentatonica Maggiore
23
Sol Pentatonica Minore
29
Scala Blues di Sol
31
Scala BeBop di Sol

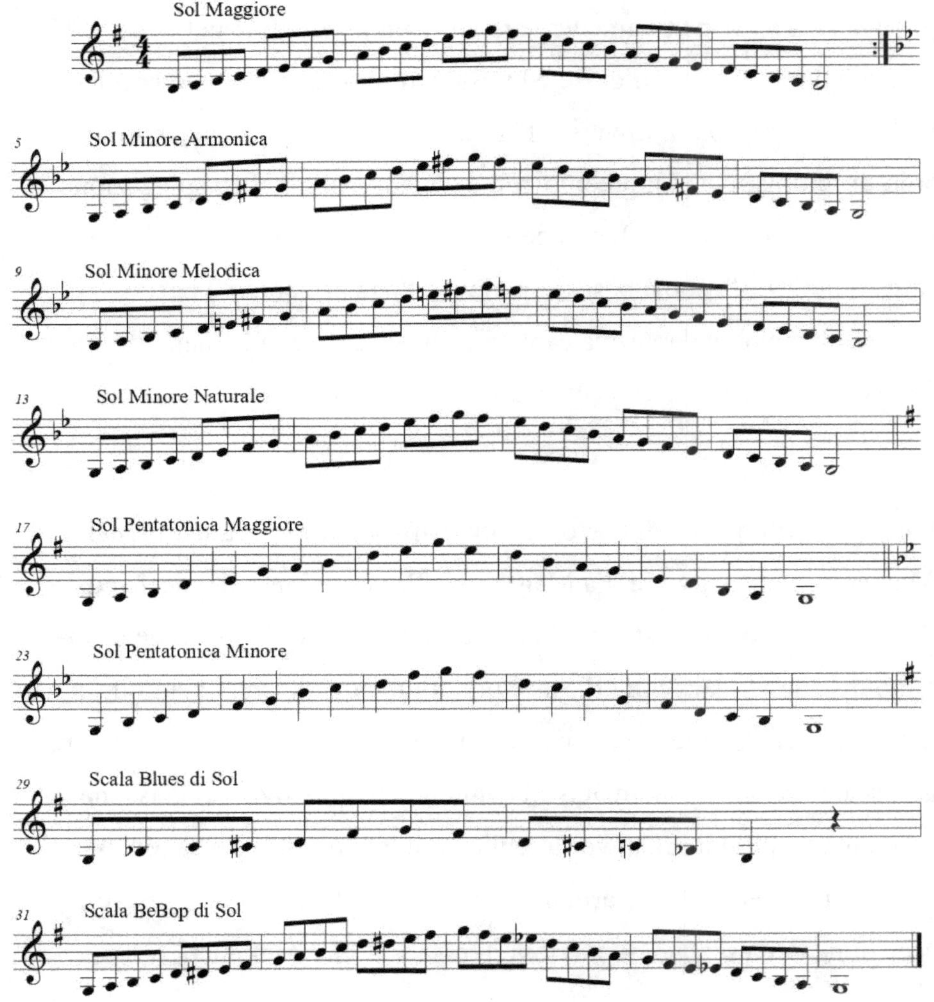

Esercizio 4

Giro Armonico di Sol Maggiore

Scale di Fa

Fa Maggiore
5
Fa minore Armonica
9
Fa minore Melodica
13
Fa minore Naturale
17
Fa Pentantonica Maggiore
23
Fa Pentatonica Minore
29
Scala Blues di Fa
31
Scala Bebop di Fa

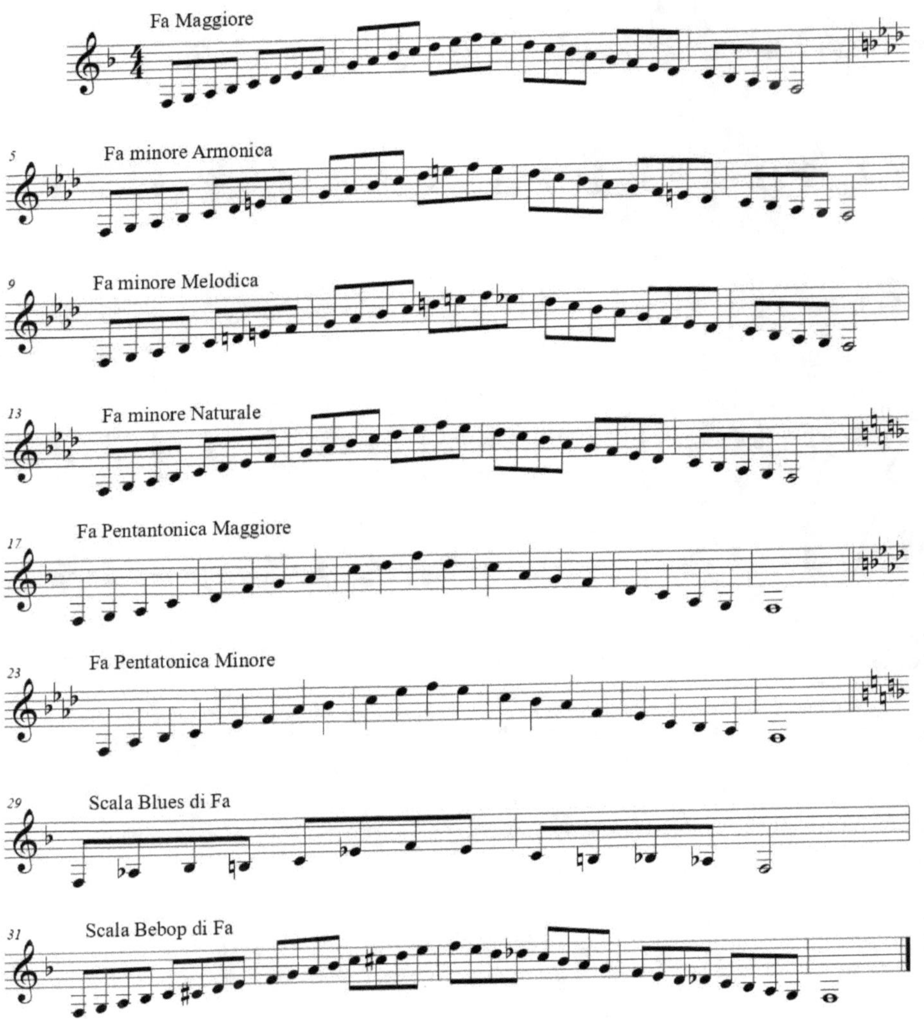

Esercizio 5

Giro Armonico di Fa Maggiore

Scale di Re

Re Maggiore
5
Re Minore Armonica
9
Re Minore Melodica
13
Re Minore Naturale
17
Re Pentatonica Maggiore
23
Re Pentatonica Minore
29
Scala Blues di Re
31
Scala BeBop di Re

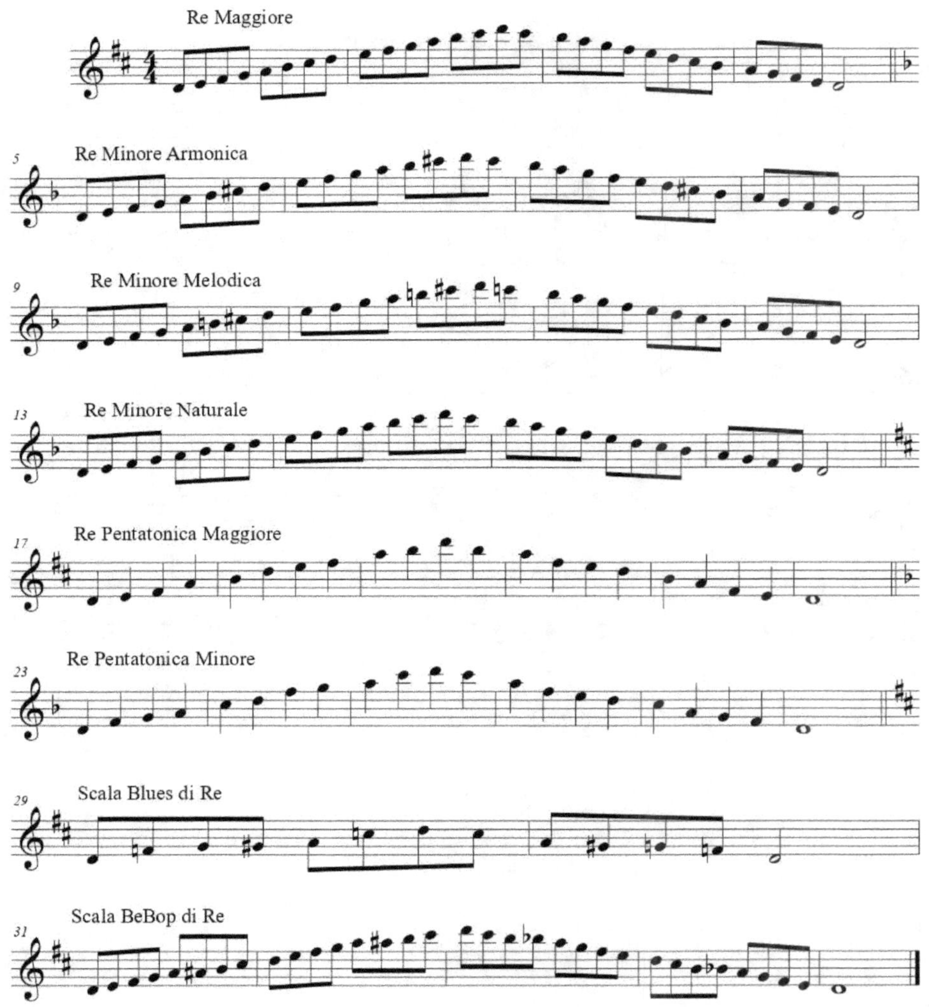

Esercizio 6

Giro Armonico di Re Maggiore

A questo punto per il primo anno di corso saranno state completate le scale e gli accordi nelle prime quattro tonalità prese in considerazione. L'allievo avrà imparato 8 accordi tra maggiori e minori e potrà muoversi in vari ambiti tonali. Di seguito uno schema riassuntivo delle triadi di tutti i giri armonici studiati.

Schema riepilogativo triadi

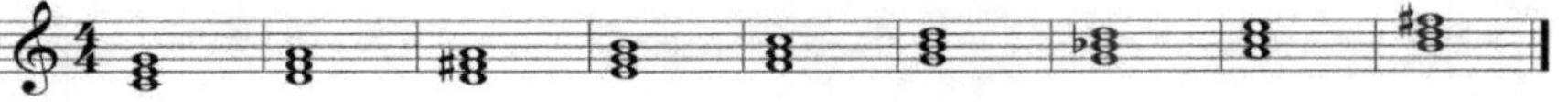

Pur non essendo oggetto specifico di questo metodo, prima di proseguire presentiamo un breve schema riepilogativo per la lettura nelle chiavi di Violino e di Basso. Imparare a leggere le note è un processo che richiede esercizio costante ed ogni sistema di memorizzazione può risultare utile. Per cui rinviamo alla consultazione dei metodi di teoria musicale comunemente utilizzati nella scuola. A scopo esemplificativo riportiamo il seguente schema:

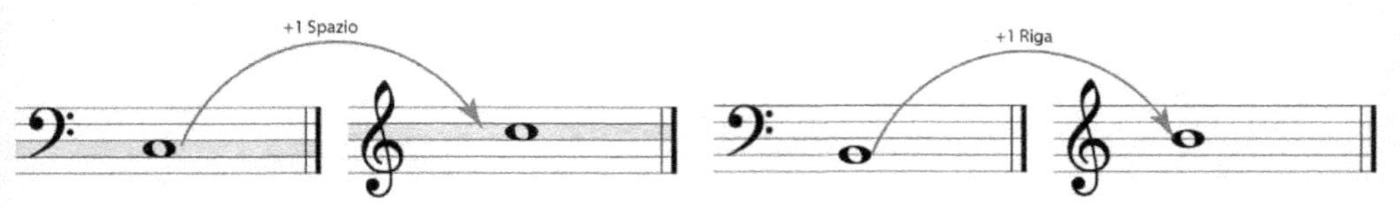

Se la nota è su uno spazio
Pensa a che nota c'è nello spazio superiore se fossimo in chiave di violino.

Se la nota è su una riga
Pensa a che nota c'è nella riga superiore se fossimo in chiave di violino.

Suggeriamo di seguito un brano che utilizza tutti gli accordi conosciuti dall'allievo ad eccezione di uno che, con l'aiuto dell'insegnante potrà identificare e codificare. L'esercizio sul brano seguente prevede, da parte dell'allievo, l'armonizzazione della melodia con gli accordi che conosce. La tonalità del brano è stata trasportata in Do Maggiore e la melodia semplificata. Una volta individuati gli accordi l'allievo potrà trascriverli sulla partitura per poi utilizzarli anche eventualmente per accompagnarsi al pianoforte nell'esecuzione della melodia cantata con le parole.[6]

[6] Questo lavoro può rappresentare un interessante spunto per l'interdisciplinarietà in collaborazione con l'insegnante di lingua per la pronuncia e la comprensione del testo.

Yesterday

Beatles

Nei prossimi spunti di esercizio verranno proposte delle sequenze armoniche su cui provare a creare una melodia, e delle sequenze melodiche su cui provare a inserire degli accordi. Come sostenuto da Paynter la coerenza formale deve attenere alla qualità del risultato musicale e non a dei linguaggi formali precostituiti; pertanto in questo contesto non esiste il concetto di *"giusto o sbagliato"* ma piuttosto sarà compito dell'insegnante individuare gli aspetti positivi della creazione dell'allievo e correggere quelli negativi non fornendo le soluzioni, ma aprendo agli interrogativi sulle altre possibili strade percorribili.

Si eseguano le sequenze armoniche più volte con la mando sinistra provando anche velocità differenti. E' consigliabile provare ad inventare la melodia prima con la voce, questo per rendere il fraseggio musicale semplice e cantabile e, di conseguenza, riproducibile facilmente anche da altri. Una melodia funzionante è una melodia che si ricorda facilmente e che non presenta salti difficilmente intonabili perché risulterebbero ostici anche all'orecchio dell'ascoltatore. Per quanto riguarda invece le melodie da armonizzare si tentino varie soluzioni armoniche immaginando nel contempo anche un semplice accompagnamento pianistico. Malgrado tutti gli esercizi siano strutturati su otto battute, non è escluso che si possano raddoppiare le frasi portandole almeno a sedici, e potrebbe inoltre risultare utile provare ad inventare un testo letterario sulle melodie. Infine per sostanziare il brano e dargli una versione definitiva è utile inventare un titolo per ciascun esercizio, in modo da definire anche il carattere che si è voluto attribuire al brano.

SEQUENCE 1

SEQUENCE 2

©

SEQUENCE 3

©

SEQUENCE 4

©

SEQUENCE 5

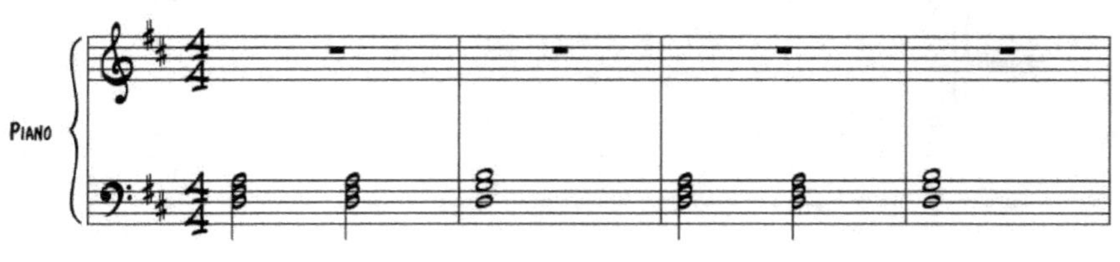

©

MELODY 1

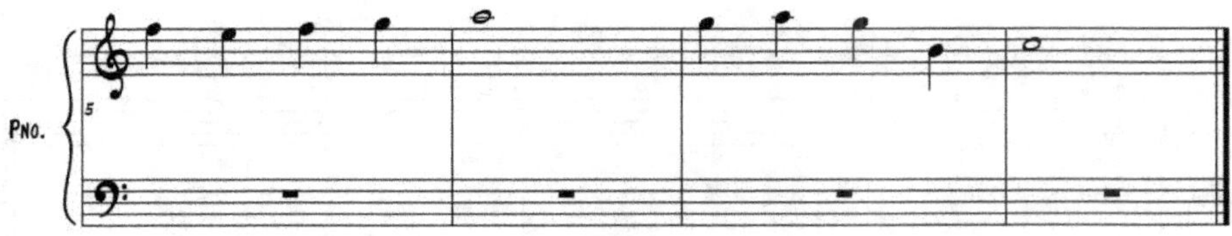

©

MELODY 2

©

MELODY 3

©

MELODY 4

©

MELODY 5

©

Ritmo

Importanza degli aspetti ritmico/musicali - Solfeggio Attivo

Chiunque abbia sostenuto l'esame per la licenza di solfeggio con il vecchio ordinamento scolastico dei conservatori, avrà probabilmente un ricordo non troppo piacevole. L'approccio allo studio degli elementi ritmico/musicali è sempre stato nozionistico, poco motivante e finalizzato al solo superamento dell'esame. Se però da un lato con il vecchio ordinamento si arrivava all'esame di solfeggio con una certa preparazione, dall'altro oggi con i programmi del nuovo ordinamento questa materia è ancor più svuotata di significato; risultato: la presenza di importanti lacune esecutive in molti musicisti. Nella scuola secondaria di primo grado i programmi ministeriali accennano vagamente alle competenze ritmiche da fa acquisire all'allievo demandando l'onere all'insegnante. Eppure il ritmo è, con il suono, l'elemento fondante della musica ed è per di più un qualcosa a cui siamo biologicamente predisposti: si pensi al battito cardiaco, ai movimenti umani nel camminare, danzare ecc, ed ancora alla frequenza della nostra respirazione. Partendo da questo principio ne consegue che per rendere lo studio degli elementi ritmico/musicali qualcosa di non astratto, non noioso e non fine a sé stesso bisogna cambiare l'approccio allo studio rendendolo dinamico, attuale e soprattutto associabile alla pratica musicale di qualunque natura o genere essa sia.

Finora in questo metodo non sono state fornite nozioni sui valori delle note, sugli indicatori di tempo e sui concetti comunemente utilizzati nella didattica come la divisione e suddivisione degli accenti musicali, i tempi semplici e composti, il ritmo binario e ternario ecc. Non essendo oggetto di questo lavoro, riteniamo di poter indicare validissimi manuali didattici di teoria musicale e solfeggio, dove poter approfondire l'argomento.

Riportiamo di seguito alcuni testi consigliati:

Apreda A., Fondamenti teorici dell'arte musica moderna, Ed. Ricordi

Bona, Metodo completo per la divisione, Ed. Ricordi

Pozzoli, Corso facile di solfeggio Vol. 1 – 2, Ed. Ricordi

Poltronieri N., Esercizi progressivi di solfeggi parlati e cantati, Ed. Rugginenti

L'approccio che intendiamo dare allo studio del ritmo e quindi della lettura ritmica (solfeggio) è incentrato direttamente sulla pratica musicale da cui evincere figurazioni, gruppi irregolari, abbellimenti ecc; in pratica tutto quanto possa essere utilizzato come materiale musicale o comunque tutto quello che concretamente l'allievo potrà incontrare nell'esecuzione di un brano e ancor di più nella pratica della musica d'insieme, dove dovrà divenire capace di adattare il suo senso ritmico a quello degli altri con l'obiettivo di condividere la musica come fosse un'unica pulsazione.

Proponiamo come sempre due brevi esempi metodologici che potrebbero essere uno spunto nello studio di qualsiasi figurazione ritmica, partendo dal vissuto dell'allievo ovvero da ascolti musicali di brani da cui trarre uno o più elementi ritmici da far diventare oggetto di studio. La sequenza ritmica che proponiamo nell'esercizio che segue è un'alternanza di crome e semicrome, scritta con figurazione ritmica senza specificare le note. Per renderla concreta è stata tratta da un brano di *"Micheal Jackson"* dal titolo: *They don't care about us"* , ed è l'esatta riproduzione della scansione ritmica delle parole di un frammento del testo. Si può quindi innanzitutto procedere con l'ascolto del brano, soffermandosi sulla quartina del testo oggetto dell'esercizio. A livello interdisciplinare può essere preziosa la collaborazione con l'insegnante di lingua per una corretta pronuncia dell'inglese che avvalori il senso ritmico delle parole. Viene fornita anche l'indicazione della velocità metronomica reale ma in fase di studio si può partire da una velocità minore e anche aumentarla successivamente oltre l'indicazione fornita.

They Don't Care About Us

M.Jackson

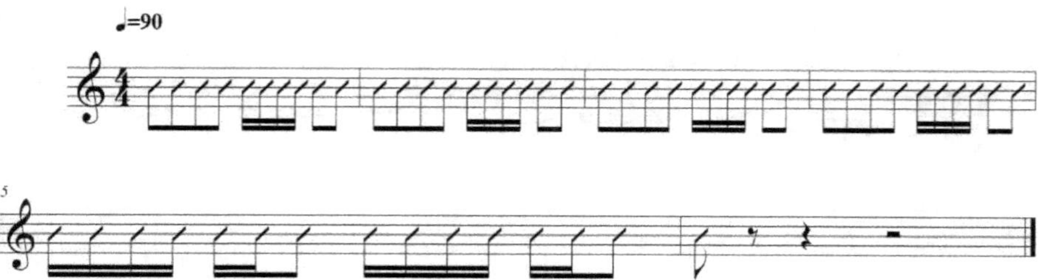

Beat me, hate me
You can never break me
Will me, thrill me
You can never kill me
Jew me, sue me
Everybody, do me
Kick me, kike me
Don't you black or white me
All I wanna say is that they don't really care about us

Il secondo esempio che proponiamo intende suggerire anche un esercizio compositivo all'allievo.

Solfeggio 2

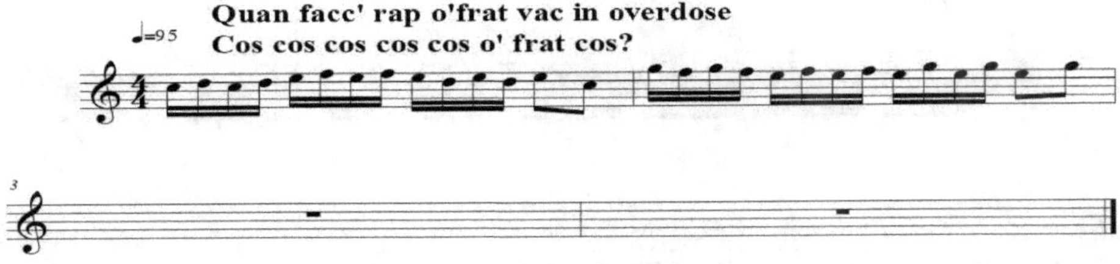

In questo caso la sequenza ritmica è tratta da un brano di Clementino, rapper napoletano noto ai giovanissimi per cui realtà musicale del loro vissuto. In questo caso ai valori sono stati associati anche i nomi delle note, per poter eventualmente eseguire l'esercizio anche cantato e suonato. La proposta creativa che viene fatta all'allievo è di ideare una sequenza ritmica nelle due battute lasciate in bianco (ma potrebbero essere anche quattro oppure otto) associando come nell'esempio, un testo di libera invenzione agli elementi ritmici, con l'unico vincolo di mantenere la velocità metronomica indicata di 95bpm.

Destrutturazione di un brano per la creazione di nuovo materiale sonoro. (III anno di corso)

Abbiamo visto negli esercizi precedenti come lavorare su un'idea armonica o melodica per realizzare un brano originale. Naturalmente intento degli esercizi era quello di fornire uno spunto di base, ma l'originalità di un'idea può nascere da qualsiasi cosa, a volte anche dal nulla. Molte idee musicali, ma in generale artistiche, nascono nei momenti più impensabili, finanche nel sonno il cervello ha la capacità di elaborare elementi che abbiamo accomodato nella nostra memoria, provenienti dal mondo esterno a livello consapevole o inconscio. La creatività può essere sicuramente *"allenata"*, nel senso di acquisire dimestichezza con l'elaborazione di qualsiasi materiale sonoro; più difficilmente può essere indotta essendo totalmente libera e fluida. Tuttavia può essere un buon esercizio imparare a servirsi del materiale sonoro che possiamo reperire in tutta la musica che ci circonda (e non solo in essa) ad esempio destrutturando un brano per utilizzarne solo alcuni elementi, indipendentemente dalle loro caratteristiche: ad esempio un frammento ritmico, una sequenza armonica, un timbro particolare o ancora un frammento melodico, naturalmente nei limiti consentiti dal concetto del plagio vero e proprio.

Vediamo di seguito alcuni esempi di brani da cui poter estrapolare del materiale da trasformare successivamente in una nuova idea musicale.

"So What" è un brano di Miles Davis inserito in un disco avveniristico dal titolo *"A kind of blue"* del 1959, in cui Miles esplora la musica modale in modo pionieristico in ambito jazz. Questo brano è caratterizzato da una struttura fraseologica in realtà molto semplice, e questa stessa semplicità diventa fonte pressoché inesauribile per l'improvvisazione.

Ci sono due elementi su cui vogliamo soffermarci: il primo è la frase principale ripetuta due volte con la sola variazione della parte finale

So What

l secondo è il collegamento dei due accordi principali:

Questi due elementi musicali, decontestualizzati dal brano, possono diventare materiale per una idea musicale originale. Per esempio la frase principale viene ovviamente "pronunciata" con un'intenzione jazzistica; ma provando ad immaginarla come frammento melodico e se stante, potrebbe diventare la base di una idea tematica.

So What

Pensiamola come linea principale del primo violino in un quartetto d'archi, oppure come melodia pianistica da armonizzare. Ovviamente si tratta di un mero esempio di sviluppo di materiale "preso in prestito" ma il concetto fondamentale è che qualsiasi brano può essere segmentato in vari frammenti a seconda delle esigenze. Vediamo un'altra possibile applicazione di questo principio.

Un passaggio di una particolare difficoltà tecnica, e sia chiaro che il principio è applicabile egualmente dopo pochi mesi di studio così come dopo anni e anni di concertismo, può essere isolato dal contesto del brano e fatto diventare *"pattern"*[7]. Una volta reso elemento singolo lo si può testare a varie velocità e con varie diteggiature; lo si può trascrivere ed eseguire in varie tonalità[8], in modo da acquisirlo con estrema sicurezza e disinvoltura anche nelle posizioni sulla tastiera più scomode e difficili. Questo ci permetterà, una volta reintrodotto nel brano, di non avere più magari già da inizio esecuzione, la preoccupazione di dover affrontare quel determinato passaggio. Vediamo anche qui un esempio pratico:

Il brano, che potrebbe essere una proposta esecutiva per un allievo di terza, è il Walzer di Chopin op. 69 n.2 in Si minore, che presenta questo passaggio di chiusura frase tra le battute 29 e 33. La posizione della mano destra non è sicuramente delle più comode, ed è un classico esempio di

[7] Nel linguaggio jazzistico il *"pattern"* è una sorta di suggerimento melodico ripetibile in diversi ambiti tonali e ritmici.

[8] Nello studio dei *"patterns"* viene spesso consigliato l'utilizzo in tutte e dodici tonalità

passaggio tecnico che, ove non correttamente affrontato, riserva elevate probabilità di errore e addirittura il rischio di creare tensione emotiva già da inizio esecuzione. Il rischio a cui si fa riferimento è un vero e proprio stato mentale che in psicologia viene definito: *"profezia che si autoadempie"*, ovvero il timore del verificarsi di un evento, come ad esempio la previsione dell'errore, che genera tensione nervosa ed aumenta ancor di più la possibilità dell'errore stesso. Il paradosso è che, come tutte le dinamiche mentali, il timore dell'errore tende a rafforzarsi quando reiterato, creando dei veri e propri blocchi nell'esecuzione e un senso di frustrazione che si ripercuoterà anche nel modo di suonare. Ecco che un buon metodo di studio, mirato ed organizzato, viene in soccorso praticamente nello studio di qualsiasi brano. In quest'ottica la pur sempre valida massima latina *"repetita iuvant"* assume una funzione diversa in quanto, una ripetizione ad oltranza che non sviscera l'errore fino al punto di risolverlo, diventa un sovraccarico di lavoro non funzionale.

Vediamo come si potrebbe studiare questo passaggio:

WALTZ CHOPIN OP.69 N.2

2
WALTZ CHOPIN OP.69 N.2
FRAMMENTO IN DO♯MIN
PNO.
18

Nell'esempio riportato sopra l'intero pattern è stato scomposto in tre frammenti da studiare singolarmente, prima a mani separare e poi a mani unite. Per ogni frammento è opportuno sperimentare diteggiature alternative e velocità progressive. Successivamente i frammenti andranno uniti in maniera sequenziale (il primo con il secondo, il secondo con il terzo e poi tutti insieme). E' consigliato, come nell'esempio, trasportare il pattern anche in altre tonalità: nel nostro caso ci siamo limitati al trasporto un tono sotto e sopra, ma è utile farlo anche in tonalità più lontane. In questo modo, con uno studio mirato, si può ottimizzare il risultato senza dispersione di energie e con una risoluzione concreta del passaggio che non rappresenterà più motivo di preoccupazione.

Mappatura di un brano musicale

Qual è la prima cosa che facciamo quando dobbiamo cominciare a studiare un nuovo brano? Risposta: Ci sediamo al pianoforte con lo spartito davanti e iniziamo a suonarlo. Ecco, questa idea andrebbe completamente revisionata e riconsiderata da un'altra prospettiva. La scrittura musicale altro non è che un codice che consente di traslare degli elementi grafici su uno strumento rendendoli suono. E' indispensabile conoscere questo codice per fare musica? Certamente no, ma rappresenta sicuramente uno strumento fondamentale per accedere alla conoscenza dell'enorme patrimonio musicale del passato e del presente, e per rendere concreta e tangibile qualsiasi opera di creazione musicale. Lo "spartito" rappresenta quindi il contenitore di tutte le informazioni necessarie a riprodurre l'idea musicale del compositore: dagli aspetti ritmici a quelli morfologici, da quelli agogici a quelli dinamici e del colore ecc. Tutto viene rappresentato nello spartito in modo da fornire all'esecutore ciò di cui necessita e a cui va aggiunta la parte forse più importante: quella della propria sensibilità musicale, della propria capacità ed originalità interpretativa e della propria abilità tecnica.

Ma tornando alla domanda iniziale, perché potrebbe essere più funzionale approcciarsi allo studio di un nuovo brano senza partire dalla lettura al pianoforte? La prospettiva è sempre quella dell'ottimizzazione del tempo e del carico di lavoro. Studiare in maniera organizzata consente di procedere in tempi più rapidi e con la certezza dei risultati. La prima operazione da attuare nello studio di un nuovo brano è la mappatura dello spartito, ovvero la decodifica di tutti gli elementi che lo compongono in modo da renderli familiari nel momento in cui ci approcciamo allo strumento. Ecco alcuni degli elementi da considerare:

- Ambito tonale: riconoscere l'impianto tonale del brano e le modulazioni che potremmo trovare al suo interno. Per le tonalità meno consuete potrebbe essere utile un lavoro di preparazione con scale, accordi ed arpeggi.
- Stile e forma della composizione: Conoscere l'autore, il periodo e la forma utilizzata nel brano ci aiuta a predisporci verso una coerente interpretazione
- Stima della difficoltà tecnica ed individuazione passaggi: Il livello di difficoltà tecnica è una variabile importante nell'ottica del periodo di studio necessario al completamento del brano, ed anche dell'organizzazione quotidiana del lavoro, in quanto alcuni passaggi necessitano di un lavoro continuativo e specifico.
- Suddivisione del brano in sezioni: fissare un percorso mentale che ci conduca durante l'esecuzione è importante sia per migliorare la consapevolezza di ciò che stiamo suonando, sia per ridurre l'impatto

mnemonico consentendo alla nostra mente di lavorare per associazioni e per schemi.

- Colori e dinamiche: un altro errore comune è quello di prendere in considerazione i colori e le dinamiche del brano solo una volta imparate le note. Fermo restando un lavoro di rifinitura che porterà il brano in esecuzione è importante, anche nella prima lettura a mani separate e lentamente del brano, pronunciare già il fraseggio voluto dal compositore.

Questi sono alcuni degli aspetti principali da considerare nella fase di primo approccio ad un brano nuovo. Oggi disponiamo inoltre di un grande vantaggio che è la rete: internet consente di effettuare ascolti diversificati di un brano anche nelle interpretazioni di grandi esecutori, ed è tutto estremamente a portata di mano. Un ascolto attivo, magari spartito alla mano, ci consente di avere già un'idea sonora del brano prima ancora di aver cominciato a suonarlo. La cosa fondamentale è che sia l'allievo, all'inizio sotto la guida dell'insegnante, ad imparare a mappare un brano partendo dalla consapevolezza di ciò che gli serve sapere per poter cominciare a studiare. Riportiamo un esempio concreto di come lavorare alla mappatura di un brano.

Prendiamo in considerazione il primo tempo della sonata di Mozart K545 in Do maggiore. Cinque pagine per un totale di settantatré battute. Procedendo secondo l'ordine dei punti elencati in precedenza vediamo che l'ambito tonale è quello del Do maggiore con la sola modulazione verso il IV grado (Fa maggiore) nella riproposizione del tema a battuta 42 per poi ritornare nella tonalità di impianto grazie al secondo tema a battuta 61. Per ciò che concerne lo stile e la forma della composizione, pur essendo una sonata relativamente semplice definita dallo stesso Mozart: *"ad uso del principiante"*, notiamo già la struttura della forma sonata con la presenza della bitematicità; in questo caso Mozart sovverte la gerarchia dei due temi che solitamente prevede un carattere più brillante e deciso nel primo ed uno più dolce e cantabile nel secondo. [9] Il coefficiente di difficoltà tecnica è relativamente basso se si esclude la velocità di esecuzione piuttosto sostenuta. I passaggi tecnici sono sostanzialmente incentrati sulla scala di Do e su frammenti di essa. Tuttavia sono da attenzionare due passaggi in particolare. Il primo tra le battute 18 e 21consiste in un’alternanza di arpeggi tra le due mani che necessità di una fluidità di movimento; è importante che l’allievo studi questo passaggio senza irrigidirsi in modo da non creare un effetto *“singhiozzo”* nell’alternanza delle mani.

Il secondo passaggio da rilevare è presente sempre in forma di arpeggio a battuta 26. Sostanzialmente si tratta di un accordo di Sol Maggiore che passa per la sua dominante (il Re settima) per poi tornare a Sol prima di venire riproposto all’ottava inferiore e poi a battuta 29 e 30 in modo

9 E’ importante che l’allievo impari a distinguere questi elementi caratterizzanti affrontandoli come materiale sonoro indipendente, quasi come se fossero i diversi personaggi di un racconto.

minore. Anche in questo caso uno studio in separata sede potrà rendere il passaggio deciso e brillante con una diversa inflessione dinamica nel cambio di ottava.

La suddivisione del brano in sezioni in questo caso richiede innanzitutto l'individuazione dei due temi; lo sviluppo che segue l'esposizione in questa sonata non ha ancora l'ampiezza e la sostanza tipiche della forma sonata ad ogni modo le prime dodici battute rappresenteranno la nostra prima sezione di studio e saranno relative al primo tema. Da battuta 14 a battuta 28 identifichiamo la seconda sezione; una terza sezione la collocheremo fino a battuta 41 per poi avere da 42 a 57 il primo tema nella tonalità del fa maggiore; sarà utile qui un confronto tra le sezioni dei temi nelle due rispettive tonalità. Infine l'ultima sezione (la quinta) da 61 a 73 rappresenta la ripresa del secondo tema nella tonalità di impianto che ci porta verso la fine del primo tempo. Avremo così un totale di 5 sezione che, nella pratica quotidiana, possono rappresentare una settimana di lavoro considerata una sezione al giorno.

Ultimo elemento di agogica e dinamica ci fa osservare come le indicazioni siano esigue, e come si passi spesso dal piano al forte in maniera repentina. Sarà utile lavorare sugli staccati e i legati della mano sinistra, sugli abbellimenti della mano destra e sul carattere in generale della sonata che si presenta scherzosa e brillante in pieno stile settecentesco.

Appendice al Capitolo III

La didattica musicale dalla DAD al Metaverso

La drammatica esperienza della pandemia da Covid-19 ha messo a dura prova le istituzioni scolastiche in generale ma ancor di più nell'ambito musicale. L'intero comparto didattico nelle scuole, nei conservatori, nelle università, si è trovato impreparato e disorganizzato di fronte a questa prova difficilissima a cui la nostra società, in tutto il mondo, è stata sottoposta. Il sentimento comune, in questa fase in cui si è cercato di trovare delle strade alternative per proseguire la didattica onde evitare di creare lacune formative negli allievi, è stato il voler rientrare al più presto in presenza. Giusto è comprensibile perché la musica è condivisione, è suonare insieme, è interazione con gli altri. Tuttavia i percorsi intrapresi, tra mille tentativi e difficoltà, devono rappresentare un patrimonio didattico da implementare e non abbandonare. Aldilà del problema pandemico che speriamo tutti sia ormai, se non definitivamente alle spalle, quantomeno gestibile, gli scenari che la società del futuro ci prospetta rappresentano una sfida meravigliosa e al tempo stesso una grande opportunità di crescita. I nuovi linguaggi musicali si evolvono con una velocità mai incontrata in tutta la storia della musica, pertanto la didattica non può segnare il passo non adeguandosi ai cambiamenti. La musica è cultura e la cultura è alla base di ogni società moderna e di ogni interazione umana, per cui gli strumenti che la DAD ci ha "costretto" ad utilizzare possono rappresentare un buon punto di partenza per guardare al futuro e alle tecnologie musicali con rinnovato entusiasmo.

Quali sono le principali difficoltà incontrate durante le lezioni in DAD nel periodo della pandemia?

Se da un lato paghiamo lo scotto di un sistema paese ancora non tecnologicamente avanzato, si pensi ad esempio alle ampie zone del nostro paese lontane dalle principali città, dove la connettività non è garantita a tutti o non è performante; d'altro canto possiamo intraprendere un percorso di innovazione tecnologica e di "*knowhow*" che ci consenta di adeguarci alla nuova realtà musicale anche in campo didattico. La diffusione delle nuove tecnologie ha senz'altro ridotto i costi di accessibilità alla rete e degli strumenti necessari per organizzare la propria partecipazione al mondo virtuale. Si aggiunga a questo che sono stati previsti a livello statale, strumenti economici (sicuramente insufficienti e inadeguati ma pur sempre un punto di partenza) come la carta docente, il bonus per i diciottenni e il bonus internet per le famiglie a basso reddito per dotarsi di attrezzature come tablet o pc portatili, ed avere un accesso alla rete almeno con tecnologia 4G. I primi tempi della pandemia hanno rappresentato un ostacolo apparentemente insormontabile specie per una generazione di docenti meno avvezzi alla tecnologia e poco propensi a mettersi in discussione nel dover imparare ad utilizzare strumenti di cui non avevano conoscenza alcuna. Tuttavia in generale possiamo registrare il grande impegno e determinazione da parte di molti docenti che hanno reso, malgrado tutto, possibile la continuità delle lezioni.

Come fare musica in DAD.

L'esperienza dei meeting a distanza ha sempre fatto parte, fino alla pandemia, del mondo delle aziende, dei congressi, delle realtà professionali più avanzate e in qualche caso delle università. Mai prima però era stato immaginato come campo pratico per la didattica. Grave errore se si pensa invece all'enorme potenziale che questi strumenti forniscono. Già da diversi anni la diffusione di video tutorial su Youtube ha aumentato il numero di autodidatti in campo musicale (come anche in altri campi si pensi allo studio delle lingue) perché è uno strumento molto affine alle reali esigenze del pubblico in gran parte giovane:

- Disponibilità in qualunque momento della giornata
- Fruibilità da luoghi e dispositivi diversi
- Ripetizione illimitata dei contenuti
- Gratuità (non sempre ma spesso)
- Associazione di contenuti video e audio che rafforza il messaggio comunicativo
- Velocità e semplicità nell'accesso e nell'interazione (molti video sono collegati a siti dove poter scaricare del materiale o approfondire gli argomenti)
- Breve durata dei contenuti
- Rinomanza dei protagonisti di alcuni tutorial (Es lezioni sull'improvvisazione jazz tenute da Chick Corea https://www.youtube.com/watch?v=yfoxdFHG7Cw)

Ovviamente in questo caso non parliamo di didattica o meglio parliamo di una didattica passiva, unidirezionale. Il focus che invece intendiamo accendere è proprio sulla possibilità di una interazione "*onetoone*" tra allievo e insegnante che salvaguardi anche il rapporto umano, l'interazione sociale e le emozioni. C'è da affrontare un aspetto molto importante dal punto di vista tecnologico: la maggior parte delle piattaforme più utilizzate non nascono per la musica ma per il linguaggio verbale, questo è oggettivamente un limite nella qualità della comunicazione e di conseguenza della didattica. Qualcuno ricorderà i simpaticissimi video della comica siciliana Teresa

Mannino che, sempre in tempi di pandemia, ironizzava sui tempi morti della DAD passati a verificare se classe fosse collegata e in ascolto, se ci si riuscisse a vedere in video ecc. Aldilà dello spunto comico abbiamo realmente affrontato tutti di questi problemi, ma abbiamo anche maturato un po' di esperienza che oggi ci consente di migliorare di molto la qualità dei nostri collegamenti in DAD.

Partiamo dalle piattaforme; la più utilizzata è senz'altro "*ZOOM*" ma altre sono state testate anche con un discreto livello nella qualità del collegamento, ad esempio *"Skype", "Whtasapp", "Facetime", "Meeting"* ecc.

La scelta della piattaforma è da valutare in base ad esigenze specifiche come ad esempio se si tratta di una lezione individuale o di gruppo, se l'istituto dispone di una piattaforma in versione beta (una versione in genere più completa e quindi spesso a pagamento di un software) se si hanno limiti temporali nel collegamento e se l'applicazione è disponibile per tutti i dispositivi (ad esempio *"Facetime"* necessita di almeno un dispositivo Apple per poter essere utilizzata). Tra le varie elencate possiamo affermare che per affidabilità, numero di partecipanti e possibilità di settaggi specifici, la più funzionale è senz'altro *"Zoom"*. Come abbiamo già affermato questa piattaforma nasce per il linguaggio parlato e per la condivisione di contenuti e quindi non per fare musica; tuttavia ha un buon editor audio che consente di settare in modo funzionale alla musica i vari parametri come ad esempio la compressione del suono, la sensibilità del microfono e gli effetti audio. Ecco nelle immagini sottostanti alcuni settaggi consigliati per un utilizzo "musicale" della piattaforma.

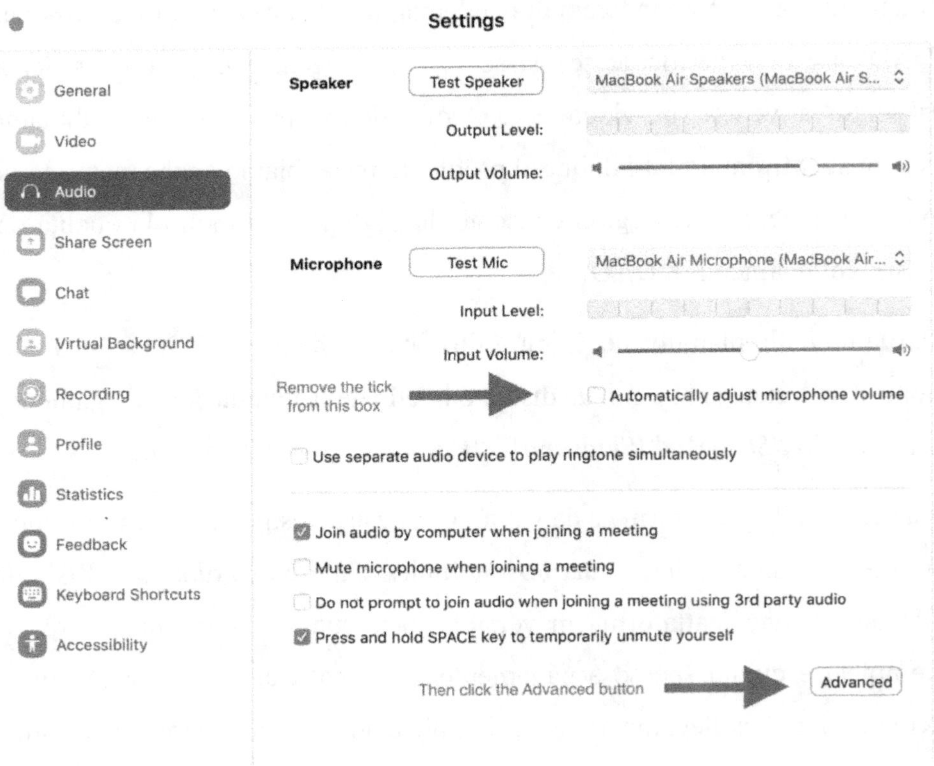

Settings

General
Video
Audio
Share Screen
Chat
Virtual Background
Recording
Profile
Statistics
Feedback
Keyboard Shortcuts
Accessibility

Speaker Test Speaker MacBook Air Speakers (MacBook Air S...

Output Level:

Output Volume:

Microphone Test Mic MacBook Air Microphone (MacBook Air...

Input Level:

Input Volume:

Remove the tick from this box → Automatically adjust microphone volume

Use separate audio device to play ringtone simultaneously

Join audio by computer when joining a meeting

Mute microphone when joining a meeting

Do not prompt to join audio when joining a meeting using 3rd party audio

Press and hold SPACE key to temporarily unmute yourself

Then click the Advanced button → Advanced

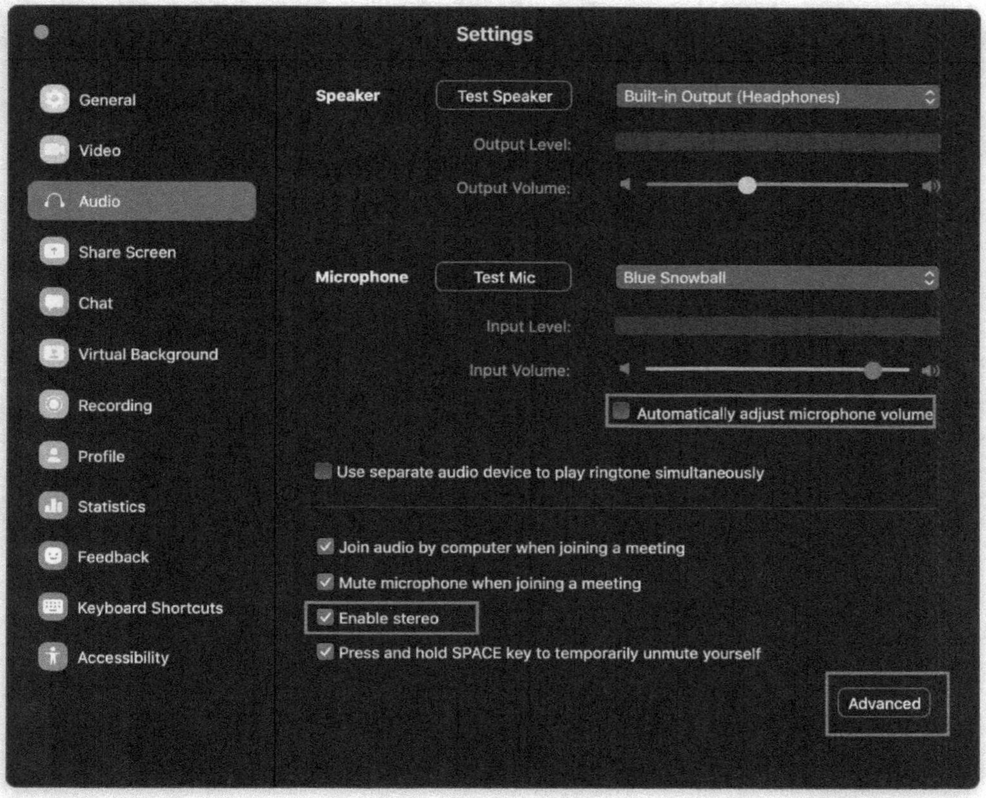

Settings
General
Video
Audio
Share Screen
Chat
Virtual Background
Recording
Profile
Statistics
Feedback
Keyboard Shortcuts
Accessibility
Speaker
Test Speaker
Built-in Output (Headphones)
Output Level:
Output Volume:
Microphone
Test Mic
Blue Snowball
Input Level:
Input Volume:
Automatically adjust microphone volume
Use separate audio device to play ringtone simultaneously
Join audio by computer when joining a meeting
Mute microphone when joining a meeting
Enable stereo
Press and hold SPACE key to temporarily unmute yourself
Advanced

General
Video
Audio
Share Screen
Virtual Background
Recording
Statistics
Feedback
Keyboard Shortcuts
Accessibility
Speaker
Test Speaker
Built-in Output (Internal Speakers)
Output Level:
Output Volume:
Microphone
Test Mic
Built-in Microphone (Internal Micropho...
Input Level:
Input Volume:
Automatically adjust microphone volume
Use separate audio device to play ringtone simultaneously
Join audio by computer when joining a meeting
Mute microphone when joining a meeting
Press and hold SPACE key to temporarily unmute yourself
Advanced

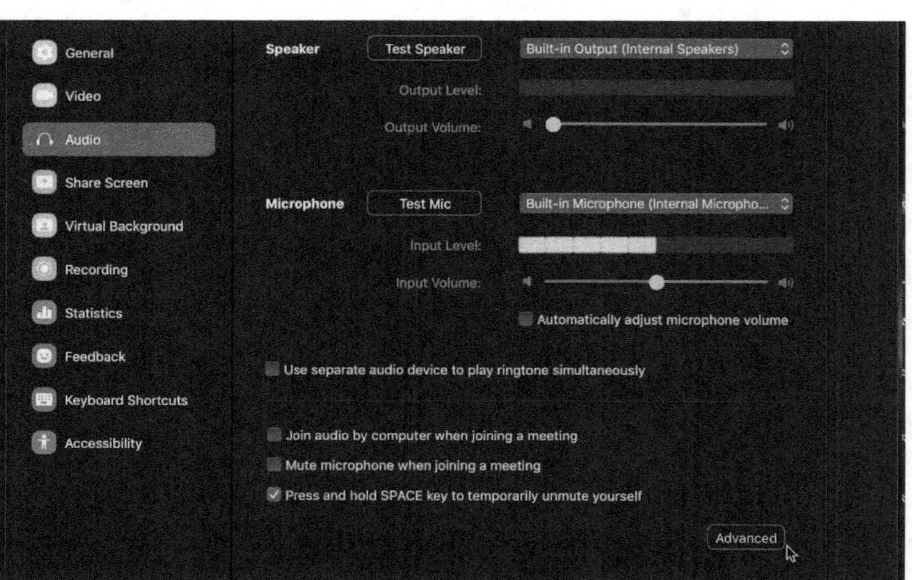

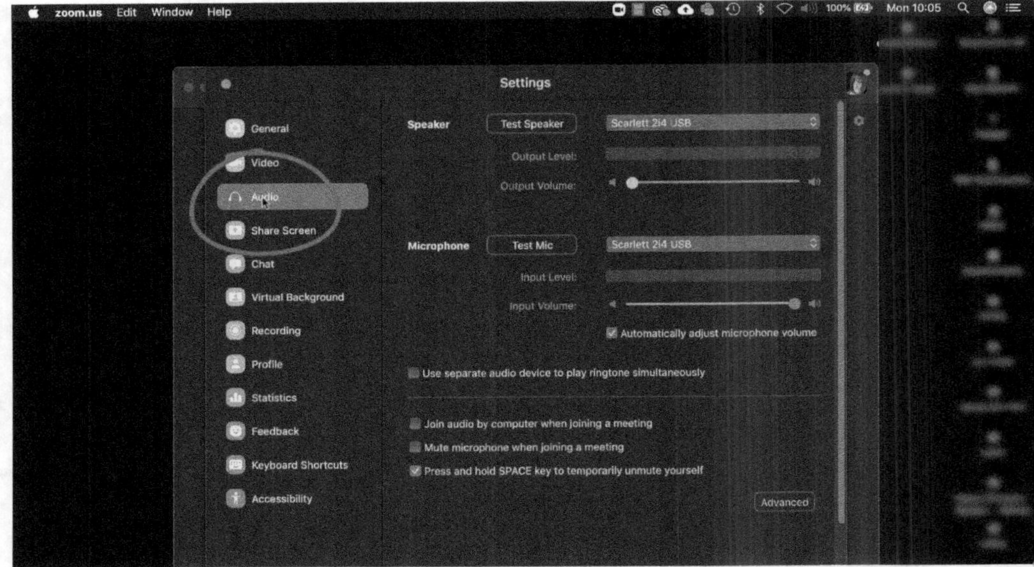

Ovviamente questo software ha bisogno, per poter funzionare, di un dispositivo come pc, tablet o smartphone e di una connessione internet. Di quali altri strumenti possiamo dotarci per una configurazione ideale del nostro *"onboarding"*? Sicuramente per la parte vocale sarebbe preferibile non utilizzare il microfono interno del pc o tablet, né quello degli auricolari, ma piuttosto dotarsi di un microfono usb da poter essere collegato direttamente al pc, o meglio ancora di una scheda audio anche "entry-level"[10] che consente l'utilizzo di un microfono a condensatore[11] per migliorare la qualità. Per quanto riguarda il suono degli strumenti, il microfono a condensatore ha sicuramente una buona qualità di ripresa del suono ma nel caso specifico del pianoforte è sicuramente consigliabile un piano elettrico da poter collegare via cavo alla scheda audio. Infine un buon

[10] Si tratta di schede audio di fascia di prezzo economica che dispongono in genere di 2/4 canali

[11] Il **microfono a condensatore** ha una risposta in frequenza migliore e per questo viene utilizzato negli studi di registrazione per registrare la voce, riuscendo a garantire maggior dettaglio ed espressività. Viene utilizzato anche per registrare strumenti musicali di ogni tipo: chitarre, pianoforti, fiati ecc.

paio di cuffie per migliorare l'ascolto ed isolarci dai rumori ambientali sono sicuramente consigliate in alternativa a delle casse monitor.

Vediamo nelle immagini sottostanti un esempio di attrezzatura e di collegamento tra i vari hardware necessari.

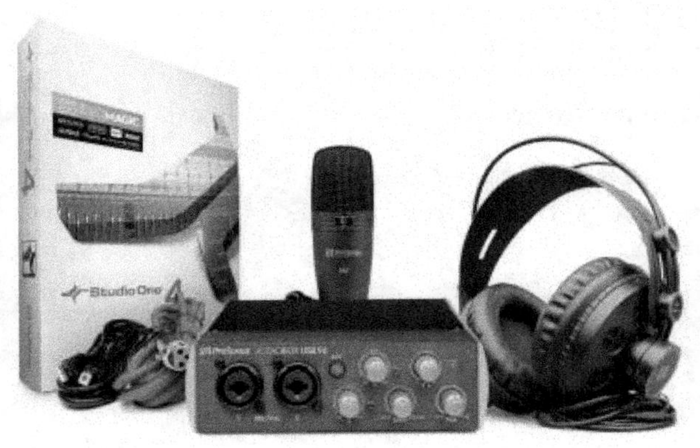

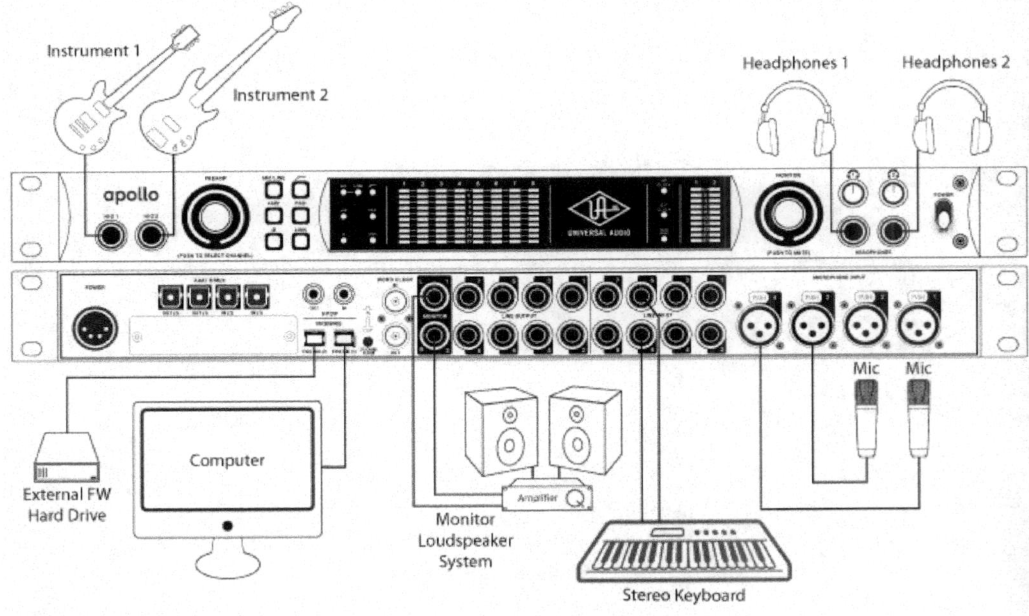
Instrument 1
Instrument 2
Headphones 1
Headphones 2
apollo
UNIVERSAL AUDIO
Mic
Mic
Computer
External FW
Hard Drive
Amplifier
Monitor
Loudspeaker
System
Stereo Keyboard

Abbiamo affrontato l'aspetto tecnico dell'organizzazione nella didattica a distanza, ma è solo il punto di partenza perché in questa forma non convenzionale di didattica cambiano i livelli comunicativi, la soglia dell'attenzione, la circolarità nel rapporto allievo/insegnante e i tempi di apprendimento e di accomodamento. Si consideri che a fronte di una curva attentiva media di circa 10/15 minuti nella didattica in presenza, come mostra il grafico sottostante:

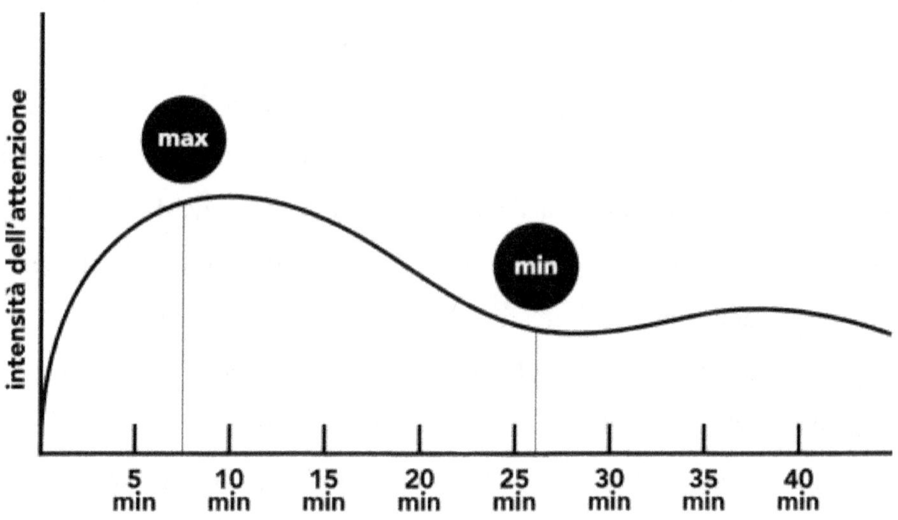

in DAD la stessa si riduce del 30/40% in base agli stimoli esterni[12].

Va da sé che anche l'approccio didattico deve essere rivisto così come gli obiettivi dell'unità di apprendimento e la durata degli incontri (è davvero utile un collegamento di due, tre ore online?) Non è certo pretesa di questo lavoro fornire soluzioni alle istituzioni preposte, ma sicuramente la nuova frontiera della didattica non può non tenere conto di queste nuove

[12] Fonte ISS ricerca sugli effetti della Didattica a distanza.

possibilità. Anche in condizioni di normalità scolastica, al netto quindi di qualsiasi emergenza sanitaria o sociale, la didattica a distanza può rappresentare un valore aggiunto anche in versione ibrida: si pensi all'utilità di poter fornire all'allievo il video della lezione svolta in presenza per affrontare meglio nei giorni successivi il materiale da studiare; o ancora alla possibilità di una interazione tra conservatori o istituzioni scolastiche per eventi come masterclass con concertisti e figure di rilievo internazionale con una enorme semplificazione logistica, organizzativa e di budget. E' importante osservare anche che una didattica che si avvale di mezzi tecnologici e multimediali è più vicina al mondo della cosiddetta generazione "Z" quella degli attuali studenti, pertanto un modo nuovo di approcciare al loro vissuto in grado probabilmente di motivarli ed interessarli di più coinvolgendoli in maniera più attiva. Questa riflessione ci porta ad un'altra importante considerazione per ciò che riguarda la didattica a distanza. Molte piattaforme stanno implementando funzioni "social" nei loro software con l'intento di trasformarle in vere e proprie community dove gli studenti possano condividere esperienze, contenuti, materiali ecc, oltre ad essere dei forum di discussione permanenti. Esistono già piattaforme che consentono la collaborazione musicale tra utenti in *"realtime"*: è il caso di JamKazam, Jamulus e Jammr delle piattaforme pensate come una sala prove virtuale che consentono di suonare a distanza senza alcuna latenza audio[13] e con un'ottima qualità di interazione, sicuramente un'ottima idea e una grande opportunità per fare musica d'insieme. Sono inoltre disponibili piattaforme per le collaborazioni musicali in *"outsource"* che consentono la condivisione di contenuti musicali e di materiale audio che gli utenti posso scambiare o in alcuni casi addirittura vendere, per la realizzazione di produzioni; e si noti che non

[13] La latenza è il tempo di attesa tra la produzione del suono e la sua percezione tramite strumenti elettronici. Si misura in millisecondi.

stiamo parlando necessariamente di ambiti professionali, anzi, la maggior parte degli utenti sono giovani e amatori, e gli scambi avvengono, anche a livello internazionale, a scopo principalmente ludico e ricreativo: *"Audiobridge"; "BandLab"; "BeatStars"; "Blend"; "Endless"; "Funkwhale";* solo per citarne alcune.

Alla luce di tutte queste considerazioni ci viene spontaneo chiederci come sarà la didattica del futuro? Come possiamo da educatori formarci per avere competenze in questi ambiti? Come coniugare l'esperienza del passato e le nuove prospettive in una giusta sintesi? C'è un problema generazionale nel rapporto insegnante/studente?

E' fuori discussione che la didattica debba porsi il problema dell'attualizzazione dei metodi e degli strumenti. Nel giro di pochi anni la multimedialità e la connettività globale diventeranno una realtà quotidiana da cui non si potrà più prescindere. La nuova frontiera del *"metaverso"* si sta già affermando in molti settori, non ultimo nell'industria musicale e questo modificherà ancora una volta i linguaggi musicali e la fruizione stessa della musica come elemento culturale della società. Una Startup italiana sta già realizzando quello che è stato definito il primo vero esperimento di musica nel metaverso: "*Music City*"[14], un mondo in realtà aumentata dove si terranno concerti, si condivideranno esperienze formative, si potrà divulgare arte a costo zero e si potrà interagire con utenti di tutto il mondo. Le opere musicali ed editoriali saranno totalmente dematerializzate, lo stesso copyright confluirà nell'uso degli *"NFT"*[15] e tutto il patrimonio musicale e didattico del passato dovrà trovare una sua ricollocazione per non essere destinato all'oblio. Non può esserci alcun conflitto tra il passato e il futuro nell'ottica di creare cultura e di fare

---

[14] Da un articolo pubblicato nella rivista online "InnovandoNews"

[15] Certificati digitali di autenticità e proprietà di opere intellettuali basati sulla tecnologia della blockchain

formazione. Demonizzare questi mezzi per non uscire da una zona di comfort in cui il mondo accademico si è relegato per troppo tempo non fermerà il corso delle cose, per cui la sfida della didattica del futuro è abbracciare con curiosità ed entusiasmo questi nuovi mondi che sono già qui, oggi. Non per questo bisogna arrendersi alla massificazione dell'offerta formativa allineandola al ribasso; bisogna anzi stimolare la curiosità e la voglia di imparare con ogni mezzo disponibile. E' compito della scuola sforzarsi di trovare strade nuove ed è compito di ogni insegnante e di ogni formatore sperimentarle, con l'unico obiettivo di migliorare l'offerta scolastica e il livello culturale degli allievi che, a loro volta, contribuiranno al miglioramento dell'intera società.

BRANI INEDITI CON FINALITA' DIDATTICHE

A conclusione del metodo proposto è mio desiderio inserire dei brani inediti di mia composizione che racchiudono gli elementi didattici principali affrontanti durante questo lavoro. Ogni brano pertanto può essere utilizzato non solo con finalità di repertorio e/o di esibizione ma con alcune indicazioni specifiche volte a rafforzare, nella pratica, i concetti esposti in questo metodo.

Il primo brano: "Five Notes for Steven" è un chiaro omaggio cinematografico a Spielberg, ma da un punto di vista didattico vuole stimolare l'allievo, a partire da un'idea elementare di sole cinque note, a sperimentare una nuova melodia liberando così la sua creatività. L'aver scelto una colonna sonora cinematografica è il presupposto per associare una o più immagini mentali nella fase compositiva in cui l'allievo, dopo aver lavorato sul brano, potrà esercitarsi.

Il secondo brano: "Little Frog Jumping" consente all'allievo di cimentarsi con la "pronuncia" di un linguaggio nuovo: quello swing. Dopo aver letto il brano per come è scritto, con l'aiuto dell'insegnante coadiuvato magari da ascolti mirati, l'allievo potrà sperimentare il linguaggio del blues e dello swing. Una volta lavorato su questo pezzo si potrà passare ad altri brani tratti per esempio dalla raccolta di standard jazz "The Real Book" scegliendo tra i più semplici dei temi da far leggere e poi imparare a pronunciare secondo il linguaggio swing.

Il terzo brano: "VicStreet" è un pezzo dalle caratteristiche tecniche impegnative. Il controllo dello staccato e del legato, la gestione del peso della mano sinistra e gli elementi accordali, rappresentano un'ottima palestra tecnica. Da notare la battuta finale con il "cluster" non scritto a note ma lasciato alla totale interpretazione dell'esecutore dove il gesto richiesto nella dinamica del fortissimo non prevede una articolazione "pulita" della mano ma piuttosto l'idea gestuale immaginata da Stockhausen o da Monk con il cluster eseguito con gomiti ed avambracci.

A seguire troviamo un valzer concepito per lavorare oltre che sull'agilità tecnica e sulla velocità, sull'interpretazione del fraseggio melodico. Questo brano, assieme all'ultimo proposto: "Valzer de Lumiere" è pensato proprio per esercitare l'allievo ad una rifinitura interpretativa dell'esecuzione. Non più solo brani da leggere e risolvere dal punto di vista tecnico, ma anche brani che richiedono un impegno emotivo nell'interpretazione. In questa fase, oltre all'agogica inserita in partitura, si stimoli l'allievo a cercare un proprio suono ed una propria interpretazione. E' importante che l'allievo si senta libero di esprimere una propria visione del brano, potendola ovviamente giustificare con una coerenza interpretativa. Con l'aiuto dell'insegnante l'allievo potrà man mano rendersi conto dell'importanza del timbro e dei colori, della gestione del ritmo finalizzata all'enfatizzazione di alcuni momenti dell'esecuzione e infine delle potenzialità dinamiche dello strumento.

Tra i due brani sopra citati ho voluto inserire un brano a quattro mani: "Gitano" liberamente ispirato al tema della Danza Rumena n° 4 di Bartòk. In questo brano esemplificativo cominciamo ad affrontare il tema della musica d'insieme che ovviamente andrà ampliato anche ad altri strumenti per costruire la consapevolezza dell'importanza del suonare in gruppo. I due allievi coinvolti nello studio di questo brano dovranno analizzare entrambe le parti e non solo quella che gli verrà affidata. Dopo aver lavorato sulla lettura e sugli aspetti tecnici bisognerà lavorare sulla sincronizzazione ritmica e sulla percezione empatica del tempo e dell'intenzione interpretativa. Sarà utile anche invertire le parti tra i due allievi.

Questi brani sono solo un esempio di come anche l'insegnante potrebbe lavorare per reperire e se necessario comporre del materiale finalizzato allo studio. Questo spingerà anche l'allievo a sperimentare proprie idee compositive e renderà interessante il percorso dell'allievo intensificando il rapporto con l'insegnante.

SCORE

Five Notes For Steven

Ernesto Piacenti

Little Frog Jumping

Ernesto Piacenti

Vic Street

Ernesto Piacenti

©

Waltz for Minnie

Ernesto Piacenti

sfz
Pno.
17
f
Pno.
21
p
Pno.
25
Rit.

Gitano

Ernesto Piacenti

Pno. 1
Pno. 2
9
3 3 3 3 3 3
Pno. 1
13
ff
p
Pno. 2
13
ff
p

PNO. 1
17
ff
p
ppp
PNO. 2
17
ff
p
ppp

Valse des Lumieres

Nestor Piacenti

♩ = 130

Piano

p

Pno.

5

3

Pno.

9

pp

Misterioso

mf

Allargando

Pno.

13

mp

Pno.
17
pp
Pno.
21
Rit.
p
mf
ff
ACCELLERANDO
3
Pno.
25
3
Pno.
29
PERDENDOSI

Valse des Lumieres
3
Pno.
33
8va

Bibliografia

Aliberti F., *La scuola napoletana di pianoforte tra Ottocento e Novecento,* Roma, Aracne Editrice, 2011

Dalcroze E.J., *Il Ritmo la Musica e L'Educazione,* Torino, EDT, 2008

De Masi D., *L'*emozione *e la regola. L'organizzazione dei gruppi creativi,* Bergamo, BUR, 2014

Deneault A., *La mediocrazia,* Vicenza, Neri Pozza Editore, 2017

De Simone G., *Il pianoforte. Materiali per lo studio,* Napoli, Liguori Editore, 2008

Flocco C., Insegnare pianoforte nella Scuola Secondaria Superiore di I Grado. Quadro normativo, sociale e metodologico – didattico, Monaco, Grin, 2016

Gordon E., *L'apprendimento musicale del bambino dalla nascita all'età prescolare,* Milano, Edizioni Curci, 2003

Muti R., *Prima la musica poi le parole,* Milano, Bur Rizzoli, 2012

Paynter J., *Suono e Struttura. Creatività e composizione musicale nei percorsi educativi,* Torino, EDT, 1996

Pannain G., *La vita del linguaggio musicale,* Milano, Edizioni Curcio, 1956

Rattalino P., *Recitar suonando. La didattica pianistica del Duemila,* Varese, Zecchini Editore, 2019

Schönberg A., *Funzioni strutturali dell'armonia. La teoria non deve mai precedere la creazione,* Milano, NET, 2003

Sloboda J.A., *La mente musicale,* Bologna, Il Mulino, 2002

Vianello G., *Elementi di pedagogia e didattica della educazione musicale,* Padova, Zanibon, 2000

Vitale V., *Il pianoforte a Napoli nell'Ottocento,* Napoli, Bibliopolis, 1983

Sitografia

www.sidm.it

www.sanpietroamajella.it

www.isbn.it

www.youtube.com

bibliomusicasapienza.wordpress.com

www.iccu.sbn.it

www.rodoni.ch

www.pianosolo.it

www.jazzitalia.net

www.aigam.it

www.musicadomani.it

www.ingramcontent.com/pod-product-compliance
Lightning Source LLC
LaVergne TN
LVHW012110160826
845678LV00014B/3018

* 9 7 9 8 3 6 3 3 4 0 2 0 8 *